아름다운 양육

데살로니가 전·후서,
요한 이·삼서, 유다서 강해집

아름다운 양육

초판 2쇄 발행 2012년 10월 31일

지은이	김서택
펴낸이	박영호
펴낸곳	도서출판 솔로몬
주 소	서울시 동작구 사당 3동 207-3, 신주빌딩 1F
전 화	02) 599-1482
팩 스	02) 592-2104
등록일	1990년 7월 31일
등록번호	제16-24호

ISBN 978-89-8255-412-4   03230

값 9,000원
ⓒ 2008 도서출판 솔로몬
이 출판물은 저작권법에 의해 보호를 받는 저작물이므로 무단 전제와 무단 복제를 할 수 없습니다.

데살로니가 전·후서, 요한 이·삼서, 유다서 강해집

아름다운 양육

김서택 지음

솔로몬

contents

서문 · 6

1부 데살로니가 전·후서 강해

01 _ 영적 출생(살전 1:1-10)   13
02 _ 영적 양육(살전 2:1-20)   30
03 _ 영적 이유기(살전 3:1-13)   47
04 _ 영적 교훈(살전 4:1-18)   63
05 _ 영적 실천(살전 5:1-28)   79
06 _ 재림의 소망(살후 1:1-12)   96
07 _ 이단의 활동(살후 2:1-17)   112
08 _ 믿음의 행진(살후 3:1-18)   129

2부 요한 이서·삼서 강해

01 _ 진리를 회복하라(요이 1:1-13)   149

02 _ 속이 알찬 신앙(요삼 1:1-15)   165

3부 유다서 강해

01 _ 단번에 얻은 구원(유 1:1-10)   183

02 _ 잘못된 신앙의 결과(유 1:11-25)   201

 서문

'아름다운 양육'은 데살로니가 전·후서와 요한 이서·삼서 그리고 유다서에 대한 강해 설교집입니다.

한 생명이 이 세상에 태어나는 것은 너무나도 위대한 일입니다. 그러나 탄생 못지 않게 중요한 것이 누구의 손에 어떻게 양육되느냐 하는 것입니다.

우리 나라는 복음이 전파된 후 주로 예배드리고 봉사하는 위주로 신앙 생활을 해 왔습니다. 그리고 주로 '신앙 양육'이라고 하면 주일 학교 어린 아이들에게만 필요한 줄 생각했습니다. 그 결과 제대로 신앙적으로 자라지 못한 '어른 아이들'이 교회 안에서 많아지게 되었고 그 결과 교회 안에서의 많은 다툼과 교회 분열이 나타나게 되었습니다.

그 후에 선교 단체의 영향을 받은 여러 목사님들이 우리 나라 안에서 신앙 양육 중심으로 목회를 해서 큰 부흥을 일으키게 되었

습니다. 이제 우리 나라 교회를 주도하는 교회들은 대부분 교인들을 영적으로 잘 양육하여 건강하게 신앙 생활할 수 있도록 지도하고 있습니다.

   데살로니가 교회는 어린 아이의 출산에 비유하면 거의 난산에 가까울 정도로 힘들게 태어난 교회였습니다. 사도 바울은 데살로니가에 와서 3주 정도 회당에서 말씀을 전했지만 유대인들의 난동으로 결국 도망을 칠 수밖에 없었습니다. 그러나 바울이 전한 복음의 씨앗은 헛되이 돌아오지 않았습니다. 난산 가운데 새로운 교회가 잉태되었습니다. 그것이 바로 데살로니가 교회였습니다. 그러나 데살로니가 교인들은 아주 짧은 기간이었지만 바른 복음을 들었습니다. 그래서 그들의 신앙이 아주 아름답고 건강하게 자라게 되었습니다.

   결국 교회나 교인들의 신앙이 건강하게 아름답게 성장하려면 바른 말씀의 지속적인 공급이 매우 중요하다는 것을 알 수 있습니다. 사도 바울은 데살로니가 전후서를 통해서 그들의 신앙이 지속적으로 자랄 수 있도록 도와주고 있습니다.

요한이서와 요한삼서 그리고 유다서는 보통 교회에서 잘 다루어지지 않는 본문들입니다. 그러나 이런 짧은 서신 안에도 신앙의 부모된 자들은 어린 신자들이 바르게 성장하도록 하기 위해 애쓰는 모습들을 우리는 찾아볼 수 있습니다.

최근에는 한국 교회 안에 양육에 대한 프로그램들이 아주 왕성하게 보급되고 있는 것을 볼 수 있습니다. 이것은 대단히 환영할 만한 일입니다. 그러나 이런 양육 프로그램들이 왕성할수록 다시 성경으로 돌아갈 필요가 있다고 생각합니다.

마지막으로 이 부족한 설교집을 통해 많은 목회자나 성도들과 나눌 수 있도록 기꺼이 출판해 주신 솔로몬 출판사 박영호 사장님

과 모든 편집부 직원들에게 감사를 드립니다. 그리고 저의 설교를 듣기 위해서 만사를 제치고 예배당으로 달려오신 대구동부교회 성도들에게 진심으로 감사를 드립니다.

대구 수성교옆에서
김서택 목사

Beautiful Bringing up

1부
데살로니가 전·후서 강해

01
영적 출생
살전 1:1-10

어린 아기가 태어나는 과정은 아주 신비롭습니다. 대개 어머니가 몇 시간씩 진통을 한 후에 아기들은 이 세상에 태어나게 됩니다. 그러나 어떤 아기들은 조산을 할 때도 있습니다. 조산을 하는 것을 아주 위험합니다. 특히 눈을 보호하지 않으면 시력을 잃어버릴 때도 있고 속에 있는 장기가 다 만들어지지 않았기 때문에 나중에 수술을 받아야 하는 경우도 있습니다. 저희 교회에 어떤 집에 쌍둥이 아이가 태어났는데 조산을 했습니다. 그러나 이 아이들이 무사히 자라서 둘 다 같은 날 유아세례를 받았습니다. 얼마나 감동적이었는지 모릅니다. 특히 한 아기는 태어나면서 백혈병이었습니다. 동산병원에 입원해 있다가 위급해서 헬기를 타고 서울로 아기를 데리고 갔습니다. 하지만 아기는 혈액 이식을 잘 받고 건강이 많이 좋아져 병원에서 퇴원하게 되었습니다. 그후 아기는 엄마 손을 잡고 교회에 걸어 들어와서 유아세례를 받았습니다. 그때 엄마와 아빠는 너무나도 감사해서 다 울었습니다. 어린 아기들이 정상적으로 건강하게 태어나서 건강하게 자라주는 것이 부모에게는 얼마나 감사한 일인지 모릅니다.

그러나 이것은 신앙적으로도 마찬가지입니다. 처음 어떤 사람이 복음을 듣고 예수 믿는 사람이 되는 것도 귀한 일입니다. 그러나 그 후에 신앙을 잃어버리지 않고 이단에 빠지지 않고 훌륭한 믿음으로 잘 자라는 것은 너무나도 귀한 일인 것입니다. 데살로니가 교인들은 영적으로 보면 조산한 사람들이었습니다. 사도 바울은 데살로니가 교인들에게 충분히 하나님의 말씀을 가르치지 못한 상태에서 또 심한 폭동이 일어나면서 사도 바울은 데살로니가를 밤에 도망을 쳐야만 했습니다. 그런데 데살로니가 사람들은 이런 와중에도 복음의 메시지를 놓지 않고 붙잡았기에 그리스도인들이 되었고 신앙이 다 잘 자라고 있었습니다.

어떤 사람이 처음 하나님의 말씀을 접하는 경우는 주로 친구나 친척 중에서 예수 믿는 사람들이 모인 곳에 데리고 감으로 이루어지게 됩니다. 옛날에는 주로 모이는 장소가 가정집이나 작은 집회소 같은 곳이었습니다. 처음 그런데 가보면 모르는 어떤 사람이 무슨 말씀을 열심히 전하는데 그 말뜻은 다 알아듣지 못하지만 이상하게 그 분위기에 매료되어 무엇인가 말로 형언할 수 없는 빛이 비취는 느낌이 드는 것입니다.

하나님의 말씀은 우리 마음에 빛으로 찾아옵니다. 하나님의 말씀을 듣기 전까지는 무엇인가 알지 못하는 어두운 터널을 정신없이 살아왔는데 하나님의 말씀을 듣는 순간 무엇인가 알 수 없는 환한 느낌이 들고 무엇인가 알 수 없는 기쁨이 있는 것 같습니다. 이것이 바로 우리가 신앙적으로 새로 태어나는 순간인 것입니다. 우리에게 있어서 놀라운 것은 우리가 하나님의 말씀을 들을 때 우리의 영혼이 살아나게 된다는 것입니다.

데살로니가 교회의 탄생

사도 바울은 예수님을 만난 후에 여러 곳에 다니면서 복음을 전했습니다. 그는 예수 믿고 난 후 안디옥 교회의 파송을 받아서 터키 지역인 소아시아 지역에 복음을 전했습니다. 그후 예루살렘에 갔을 때 예루살렘 총회에서는 이방인 문제에 대한 중요한 결정이 있었습니다. 그것은 이방인들에게 모든 율법을 지키게 하지 말고 우상의 제물이나 피나 목매어 죽인 것은 먹지 말게 하자는 것이었습니다. 그래서 사도 바울은 다시 예전에 복음을 전했던 지역을 돌면서 복음을 더 확실히 가르쳤습니다. 그런데 아시아 어느 곳에서부터 더 이상 복음의 문이 열리지 않았습니다. 그러다가 환상 중에 마게도냐 어떤 사람이 이리로 와서 우리를 도우라는 말하는 것을 들고 유럽으로 건너가게 되었습니다. 그는 이것이 하나님의 뜻이라는 것을 깨닫게 되었습니다.

여기서 유럽이라고 하는 것은 오늘 우리가 생각하는 영국이나 프랑스 같은 곳을 말하지 않습니다. 이때까지만 해도 영국이나 프랑스나 독일 같은 곳은 아주 미개한 곳이었고 숲으로 빽빽하게 우거진 곳이어서 외부인들은 함부로 들어갈 수도 없는 곳이었습니다. 여기서 유럽이라고 하는 것은 알렉산더가 나왔던 마케도니아와 그리스 지역을 말하는 것입니다. 이곳은 그 당시에 가장 문명이 발달한 곳이었습니다.

그런데 사도 바울의 유럽 전도는 전하는 도시마다 특징이 있었습니다.

사도 바울이 바다를 건너가서 처음 복음을 전한 곳은 빌립보였습니다. 그런데 빌립보에서 복음 전하는 것이 만만치가 않았습니다. 빌립보에서는 유대인들의 회당이 없어서 회당에서는 복음을 전하지 못했습니다. 설상가상으로 바울과 실라는 어떤 귀신들려서 점치는 소녀에게서 시달림을 받았습니다. 아마 계속 따라다니면서 사도 바울에 대하여 헛소리를 했던 것 같습니다. 그래서 그 소녀에게 붙어있던 귀신을 쫓아내었더니 그 소녀의 점을 통해서 돈을 벌던 주인이 화가 나서 바울과 실라를 고발하는 바람에 붙들려가서 채찍에 맞고 밤에 깊은 감옥에 갇혔는데 바울과 실라가 찬송하고 기도할 때에 하나님의 능력이 나타나면서 옥문이 다 열리고 매어둔 착고가 다 풀어져버렸습니다. 그때 죄수가 다 도망간

줄 알고 자살하려고 하던 간수와 그 식구들이 예수 믿고, 또 자주 장사 루디아가 믿어서 교회가 세워지게 되었습니다. 바울의 빌립보 전도는 참 놀라운 간증거리가 있는 복음의 승리였습니다. 그리고 난 후에 바울이 가서 복음을 전한 곳이 데살로니가였습니다. 데살로니가는 빌립보와 정반대였습니다. 빌립보는 처음에는 좋지 않다가 나중에 능력이 나타나고 아주 좋았는데 데살로니가는 오히려 처음이 좋았습니다. 데살로니가는 유대인들의 회당이 있어서 회당에서 바울이 세 안식일에 걸쳐서 성경을 가지고 강론을 했는데 경건한 헬라인들과 적지 않은 귀부인들이 말씀을 듣고 은혜를 받았습니다.

사도 바울은 데살로니가에서 유대인들이 먼저 은혜를 받을 것이라고 생각했지만 기대와는 달리 헬라인들의 복음에 깊은 은혜를 받았습니다. 그 대신에 유대인들이 얼마나 난폭하게 폭동을 일으키는지 모이는 집을 제공한 야손은 붙들려가고 사도 바울은 밤에 몰래 야반도주를 해서 도망을 가야만 했습니다. 그러니까 데살로니가는 아기를 낳는 것에 비유를 한다면 아주 난산을 한 것이었습니다. 사도 바울은 너무나도 갑자기 유대인들의 반대와 핍박이 일어나는 바람에 정신을 차리지 못하고 데살로니가를 피해야만 했습니다. 그런데 놀라운 것은 이런 가운데서도 데살로니가 교인들의 신앙은 무럭무럭 자랐습니다.

사도 바울이 데살로니가에서 도망친 후에 간 곳이 베뢰아였는데 베뢰아 사람들은 아주 신사적이어서 하나님의 말씀을 듣고 날마다 성경을 상고를 했습니다. 그런데 데살로니가의 유대인들이 베뢰아까지 쳐들어와서 소동을 일으키는 바람에 바울은 베뢰아에 더 오래 있지 못했습니다. 베뢰아 사람들은 아주 신사적이었고 말씀을 잘 받아들였는데 사도 바울이 베뢰아 교인들에게 보낸 편지는 없습니다. 아마 그 후에 교회가 없어졌는지도 모르겠습니다.

사도 바울이 그 후에 간 곳이 아테네였는데 아테네는 그야말로 지적인 교만과 우상으로 가득해서 거의 바울의 복음을 받아들이지 않았습니다. 2천년 뒤에 영국 역사가 토인비는 그리스 문명이 망한 이유는 아테네 사람들이 사도 바울의 복음의 도전을 거부했기 때문이라고 비판하고 있습니다. 그후 사도 바울은 가장 세속적인 도시 고린도에 전도하러 갑니다. 바울은 고린도에서 가장 큰 부흥과 가장 많은 능력을 체험했습니다. 이것을 보면 복음의 결과가 사람들이 생각한 것과는 얼마나 다른가 하는 것을 알게 됩니다. 전혀 기대하지 못했던 곳에서 오히려 큰 부흥이 일어나고 가장 많이 기대했던 곳에서는 전혀 열매를 맺지 못한 경우도 있었습니다. 사도 바울이 데살로니가에 있는 성도들에게 이 데살로니가서를 쓴 것은 바로 이 고린도에 왔을 때라고 여겨집니다. 그래서 데살로니가전서는 사도 바울이 쓴 편지 중에서 가장 먼저 씌어진 편지로 여겨지고 있습니다. 어쩌면 신약 성경 중에서도 가장 먼저 씌어진 성경일 수 있습니다.

사실 데살로니가 교회는 사도 바울의 입장에서 보면 너무나도 난산해서 태어난 아기이고 낳은 후에 제대로 젖도 먹이지 못하고 빼앗긴 아기와 같은 경우였습니다. 그런데 놀라운 것은 이 아이가 믿음으로 너무나 잘 자라고 있었던 것입니다. 이 소식을 들은 사도 바울은 너무 반갑기도 하고 감사하기도 해서 그들의 신앙을 격려해주고 싶었던 것입니다.

데살로니가 교인에 대한 감사

사도 바울은 먼저 데살로니가 교인들에게 따뜻한 인사의 말씀을 전하고 있습니다.

> "바울과 실루아노와 디모데는 하나님 아버지와 주 예수 그리스도 안에 있는 데살로니가인의 교회에 편지하노니 은혜와 평강이 너희에게 있을찌어다"(1절).

사도 바울은 데살로니가인의 교회가 하나님 아버지와 주 예수 그리스도 안에 있다고 말하고 있습니다. 그 교회는 허허벌판에 내던져져 있는 것도 아니고 사나운 짐승 우리 옆에 있는 것도 아니고 하나님 안에 그리고 예수 그리스도 안에 있기 때문에 어느 누구도 그들을 해치지 못하고 그들의 신앙을 빼앗을 수 없었습니다. 사실 데살로니가 교인들이 예수를 믿고 난 후 많은 핍박을 받았습니다. 심지어 그곳 유대인들은 사도 바울을 쫓아낸 것으로 만족하지 않고 예수 믿는 자들의 신앙을 빼앗으려고 무진 애를 썼던 것입니다. 그러나 그들은 성공하지 못했습니다. 그 이유는 이미 데살로니가 교회가 하나님 안에 있어서 항상 하나님의 살아 있는 말씀이 공급되고 있었기 때문입니다.

"우리가 너희 무리를 인하여 항상 하나님께 감사하고 기도할 때에 너희를 말함은 너희의 믿음의 역사와 사랑의 수고와 우리 주 예수 그리스도에 대한 소망의 인내를 우리 하나님 아버지 앞에서 쉬지 않고 기억함이니"(2-3절).

사도 바울에게 있어서 데살로니가 교회는 늘 마음에 미안한 부분이 있었습니다. 왜냐하면 아이를 낳자마자 아이를 잃어버린 경우와 같았기 때문입니다. 그런데 나중에 디모데를 통해서 들은 소식은 사도 바울이 밤에 도망친 후에도 데살로니가 교인들은 꿋꿋하게 신앙을 잘 지키고 있다는 소식을 듣게 되었던 것입니다. 그때 바울은 감격하지 않을 수 없었고 하나님께 감사와 기도를 드리지 않을 수 없었습니다.

우리는 사람들이 처음 복음을 듣고 은혜를 받았다 하더라도 계속 바른 신앙으로 자라는 것은 쉽지 않다는 것을 알고 있습니다. 즉 은혜 받고 난 후에 갑자기 예수 믿는 것이 귀찮아져서 멀리할 수도 있고 혹은 의심이 생길 수도 있고 다른 세상일에 바빠서 신앙생활을 등한히 할 경우가 많은 것입니다. 그리고 한 두 사람이 은혜를 받았다고 하지만 이들이 다 같은 마음을 품고 지속적으로 교회를 섬기면서 헌신하는 경우가 그렇게 많지 않기 때문입니다. 이것은 마치 밭에 뿌려진 씨가 온도와 습도가 맞아서 모든 씨들이 한꺼번에 잘 자라는 것과 같습니다.

도대체 어떻게 해서 데살로니가 사람들은 삼 주 밖에 사도 바울의 설교를 듣지 않았는데도 계속 믿음을 지킬 수 있었을까요? 거기에는 반드시 사랑의 수고가 있었던 것입니다. 신앙생활을 처음 시작하는 어린 영혼들에게 중요한 것은 누군가가 끊임없이 관심을 가지고 돌보아주어야 한다는 것입니다. 왜냐하면 새로 믿는 사람들은 어린아이와 같아서 옆에서 붙들어주지 않으면 넘어져버리기 때문입니다. 데살로니가 교회가 사도 바울이 떠난 후의 핍박 가운데서도 신앙이 자랄 수 있었던 것은 아마도 야손 같은 사람의 사랑이 있었던 것 같습니다. 즉 계속 관심을 가지고 모이게 하고 찾아가주기도 하고 사랑해주니까 신앙이 어린 사람들이 떨어져 나갈 수 없었던 것입니다.

교회에서 어린 신앙이 떨어지지 않고 계속 붙어 있으려면 사랑의 수고가 있어야 합니다. 우리나라 교회를 보아도 어렸을 때나 중고등부까지는 교회에 잘 나오다가 그 후에는 신앙생활을 하지 않고 교회를 멀리하는 사람을 많이 목격하게 됩니다. 그 이유는 교회가 지속적으로 그들에게 관심을 가지지 않기 때문입니다. 사랑의 수고를 하지 않는 것입니다. 사람들은 자기에게 관심을 가져주지 않으면 조금씩 마음이 멀어지게 되어 있습니다. 그러다가 어려운 일이 생기거나 세상일에 바빠지면 신앙을 멀리해버리는 것입니다.

하지만 사랑의 수고만으로는 계속 그들을 붙들 수 없습니다. 왜냐하면 신앙이 자라다보면 부딪쳐야 하는 문제들이 수도 없이 많이 있는데 사랑의 수고만 가지고는 안 되기 때문입니다. 아이들이 자라게 되면 부모의 사랑만 가지고는 안 됩니다. 무엇인가 더 큰 것이 필요합니다. 그것이 무엇입니까? 하나님의 말씀이고 믿음인 것입니다. 신앙이 어린 자들을 끝까지 교회에 붙잡아 놓을 수 있는 방법은 하나님의 말씀밖에 없습니다. 왜냐하면 하나님의 백성들은 하나님의 말씀을 들어야 신앙이 성장할 수 있고 영혼이 자랄 수 있기 때문입니다. 아무리 신앙이 좋은 사람이라고 할지라도 그의 영혼에 생명의 양식인 하나님의 말씀이 공급되지 않으면 쓰러지게 되어 있습니다. 그런데 하나님의 말씀이 계속 공급되니까 사랑의 수고도 살아나고 소망이 생기게 되는 것입니다. 그 소망은 우리가 이런 식으로 말씀을 붙들고 인내하면서 신앙생활을 하면 큰 부흥이 오고 큰 축복이 온다는 소망이었습니다. 사실 하나님의 백성들에게는 이 세상에서 이것보다 더 큰 소망은 없습니다. 우리가 무엇 때문에 세상을 따라가지 않고 재미없는 하나님의 말씀을 붙잡습니까? 하나님의 말씀대로 살면 하나님의 큰 축복이 있다는 소망이 있기 때문입니다.

사도 바울은 데살로니가 교인들에게 이렇게 고백을 했습니다.

"하나님의 사랑하심을 받은 형제들아 너희를 택하심을 아노라"
(4절).

사도 바울이 보기에 데살로니가 교인들은 하나님의 사랑하심을 받은 자들이었습니다. 왜냐하면 하나님께서 그들의 신앙이 흩어지지 않게 하셨고 또 가장 귀한 복으로 붙들어주셨기 때문입니다.

예를 들어서 처음 함께 예수 믿는 자들이 한 사람도 흩어지지 않고 끝까지 함께 신앙생활을 한다고 생각해 보십시오. 이것이 보통 복이 아닌 것입니다. 이것은 절대로 사람의 힘으로 되는 것이 아닙니다. 이것은 전적인 하나님의 은혜로 가능한 것입니다.

하나님의 말씀을 받는 방식

데살로니가 교인들이 사도 바울을 통해서 하나님의 말씀을 받아들인 방식은 모든 믿는 자들이 말씀을 받는 방식의 생생한 예에 해당이 됩니다.

"이는 우리 복음이 말로만 너희에게 이른 것이 아니라 오직 능력과 성령과 큰 확신으로 된 것이니 우리가 너희 가운데서 너희를 위하여 어떠한 사람이 된 것은 너희 아는 바와 같으니라"(5절).

사도 바울은 오직 하나님의 말씀이 증거될 때 두 가지 경로로 증거된다고 말하고 있습니다. 이것은 세상 지식을 가지고 가르칠 때에는 일어나지 않는 일입니다. 즉 하나는 사람의 귀를 통하여 머리로 전달되는 방식입니다. 이것은 지적으로 그 말씀을 이해하는 것입니다. 그러나 다른 하나는 마음속에 성령께서 말씀하시는 것인데 감동과 능력을 일으키는 방식입니다. 하나님의 말씀은 귀로 듣는 것이 아니라 성령께서 마음으로 듣게 하셔야 합니다. 그래서 말씀을 전하는 사람은 말씀을 전하기 전에 기도하는 것이 중요합니다. 아무리 사람으로는 완벽하게 준비를 하고 아주 잘 전달했다 하더라도 마음으로 능력이 나타나지 않으면 아무 소용이 없는 것입니다. 그런 까닭에 어떤 때에는 전하는 자는 아주 조리 있게 잘 전했는데도 불구하고 듣는 자는 무슨 소리인지 전혀 감동이 오지 않는 경우도 있고 오히려 어떤 때에 전하는 자는 잘 전하지 못했다고 생각하는데 듣는 자에게는 큰 은혜가 되는 경우도 있는 것입니다.

무엇보다 사도 바울은 데살로니가에서 말씀을 전할 때 이 말씀 하나 하나가 얼마나 그들에게 큰 능력과 축복과 성령의 큰 확신으로 전달되는지 알았던 것입니다

아마도 사도 바울이 삼주 동안 성령에 사로잡혀 데살로니가에서 말씀을 전할 때 그들은 사도 바울의 말씀에 푹 빠져있었을 것입니다. 그리고 한 말씀 한 말씀 들을 때마다 큰 감동이 되었고 충격이 되었을 것입니다. 그래서 그들은 다른 것은 아무 것도 생각할

수가 없었던 것입니다. 그들은 완전히 하나님의 말씀에 사로잡혀 있었기에 그 말씀들이 마치 불로 새겨지듯이 그들의 가슴에 새겨지게 되었던 것입니다. 데살로니가 교인들은 말씀을 통해서 하나님을 만났기 때문에 더 이상 사도 바울의 개인적인 문제에는 신경을 쓸 필요가 없었습니다. 만약 데살로니가 교인들이 성령의 큰 감동을 받지 못했더라면 사도 바울이 밤에 자기들을 두고 도망친 것에 대하여 실망하거나 시험에 들 수도 있었을 것입니다. 그러나 데살로니가 교인들 중에서 사도 바울이 도망을 간 것에 대하여 실망하거나 시험에 든 사람들이 아무도 없었습니다. 왜냐하면 그들은 이미 이 놀라운 은혜를 통해서 하나님이 자기들을 찾아오셨다는 것을 경험했기 때문입니다. 그리고 사도 바울은 오직 하나님의 말씀 전하는 사자로서 수단에 불과하다는 것을 알았기 때문입니다.

우리는 하나님의 백성들이 언제 가장 행복해하는지 알아야 합니다. 그것은 바로 성경이 바르게 해석되어질 때입니다. 믿는 사람들은 성경이 바르게 해석되어지면 일단 마음이 뜨거워지기 시작합니다. 그때부터는 하나님과 일대일로 만나서 은혜를 받는 것입니다.

"또 너희는 많은 환난 가운데서 성령의 기쁨으로 도를 받아 우리와 주를 본받은 자가 되었으니"(6절).

데살로니가 교인들이 말씀에서 받은 은혜는 세상적인 환란보다 더 큰 것이었습니다. 인간적으로 생각해보면 고생을 하고 욕을 얻어먹어가면서 예수를 믿어야 할 이유가 없었지만 이미 그들은 예수를 믿을 때 말로 표현할 수 없는 성령의 세례를 체험했기 때문에 세상에서 고난받는 것은 아무런 문제가 되지 않았습니다. 우리가 성령의 세례를 받으면 이 세상의 환란 받는 것은 큰 문제가 되지 않습니다. 우리의 영혼이 천국으로 변해버립니다. '세상과 나는 간 곳이 없고 오직 구속한 주만 보이도다' 라는 고백이 나오게 됩니다. 이것은 어떤 의미에서 우리가 하나님의 은혜로 미치는 것입니다. 사람이 미치면 모든 것이 제대로 보이지 않습니다. 하나님의 은혜는 데살로니가 교인들로 하여금 이 세상 위에 있는 것을 보게 하시고 체험하게 하셨습니다. 그들은 이 은혜를 계속 받기 위해서 '주를 본받기'로 결심을 했습니다.

데살로니가 교회는 큰 교회가 아니었습니다. 그리고 여기에는 대단한 사람들이 있는 것도 아니었습니다. 그러나 데살로니가 사람들의 믿음의 소문은 다른 곳까지 퍼지기 시작했습니다.

"주의 말씀이 너희에게로부터 마게도냐와 아가야에만 들릴 뿐 아니라 하나님을 향하는 너희 믿음의 소문이 각처에 퍼진 고로 우리는 아무 말도 할 것이 없노라"(8절).

데살로니가 교인들이 얼마나 하나님의 말씀을 사랑했고 은혜를 받았는지 데살로니가 교인들이 깨닫고 은혜 받은 말씀이 주위에 퍼지기 시작했습니다. 여기서 마게도냐와 아가야라고 하는 곳은 아주 넓은 지역을 말합니다. 그 넓은 지역에 데살로니가 교인들의 말씀이 영향을 미쳤던 것입니다. 그때에는 오늘날같이 텔레비전이나 라디오도 없었을 텐데 어떻게 그들이 깨달은 말씀이 증거될 수 있었을까요? 아마 지나가는 여행객들이나 상인들이 듣고 다른 사람들에게 전했을 것입니다. 왜냐하면 그들의 말씀이 너무나도 분명했고 은혜스러웠기 때문입니다. 무엇보다 하나님을 향한 믿음의 소문이 모든 곳에 퍼졌습니다. 이 사람들은 어떤 어려움이 와도 하나님만 믿고 하나님께 매달렸기 때문입니다.

우리가 어느 곳에 있든지 바른 말씀과 바른 믿음으로 살면 소문이 나게 되어있고 영향을 끼치게 되어 있습니다. 이것이 가장 좋은 전도의 방법인 것입니다.

> "저희가 우리에 대하여 스스로 고하기를 우리가 어떻게 너희 가운데 들어간 것과 너희가 어떻게 우상을 버리고 하나님께로 돌아와서 사시고 참되신 하나님을 섬기며"(9절).

이 당시 그리스 사람들에게 우상과 신화는 어렸을 때부터 인이 박인 것이었고 이것을 믿지 않고 유일신을 믿는다는 것은 도저히 이해가 되지 않는 것이었습니다. 그리스 사람들은 신이 아주 많이 있다고 생각했기에 그 신들을 기념하는 신전들이 그리스 도처에 깔려 있었습니다. 그리고 이런 신들을 무시하거나 섬기지 않으면 신들이 미워하고 저주한다는 두려움을 다 가지고 있었습니다. 그러나 데살로니가 교인들은 예수를 믿는 즉시 모든 우상을 다 버리고 모든 신화를 다 버리고 철저하게 하나님을 믿었습니다.

이것이 다른 지역에 있는 그리스도인들에게 아주 큰 자극이 되었던 것입니다. 특히 이 당시에는 우상 숭배와 관계되는 퇴폐적이고 음란한 문화들이 많이 있었습니다. 하지만 데살로니가 교인들은 예수님을 믿고 난 후에는 그 모든 어두움의 신화나 미신들을 철저하게 다 버렸습니다. 그들은 오직 다시 오실 재림 예수를 기다리는 신앙만을 가졌습니다.

"또 죽은 자들 가운데서 다시 살리신 그의 아들이 하늘로부터 강림하심을 기다린다고 말하니 이는 장래 노하심에서 우리를 건지시는 예수시니라"(10절).

데살로니가 교인들은 이미 이 세상이 한번 지나가는 나그네 인생이라는 것을 알았습니다. 그래서 그들은 아예 짐을 싸 놓고 예수님을 기다리고 있었던 것입니다. 즉 예수님이 언제든지 오셔서 부르기만 하면 따라가려고 모든 것을 다 준비하고 있었습니다. 그 결과 이 세상의 어떤 조롱이나 따돌림도 두렵지가 않았고 오직 장차 하나님의 진노의 심판을 피하는 것이 이들에게는 가장 중요한 관심거리였습니다.

전술한 바와 같이 데살로니가 교인들은 태어날 때 미숙아로 태어난 아이들과 같았습니다. 그러나 그들은 결코 그런 상태에서 버림을 받지 아니하고 사랑과 말씀의 보호를 받았습니다. 특히 그들은 하나님의 말씀을 성령의 강한 감동과 확신으로 받아서 다른 어느 누구보다 신앙이 바르게 잘 성숙하게 되었습니다. 이것이 믿음의 위대한 승리였습니다. 우리도 여러 가지 어려운 여건에서 신앙생활하고 있지만 믿음만은 세계 최고가 되어야 할 것입니다. 우리가 다른 것으로 서울을 이기거나 세계적인 도시 사람들을 이길 수가 없을 것입니다. 그러나 믿음의 지식은 세계 최고가 되어야 하고 기도의 열정은 특심하여 하나님을 감동시키는 자들이 되어야 할 것입니다.

02
영적 양육
살전 2:1-20

    목회를 하다보면 아이들 때문에 여러 가지 고생을 하는 부인들을 많이 만나게 됩니다. 어떤 집의 부인은 임신이 되지 않아서 걱정을 하는가 하면 어떤 집에는 임신이 되기는 하는데 자꾸 유산이 되어서 걱정을 하는 집도 있습니다.

    그 중에 어떤 부인은 두 번 유산을 한 후에야 아이 둘을 낳아서 잘 키운 집도 있고 어떤 부인은 네 번 유산하고 아이 하나를 낳아서 잘 키운 집도 있습니다. 또 어떤 집에서는 이미 아이가 많아서 더 임신은 원하지 않는데도 덜컥 임신이 되어서 엄마가 울고불고 하는 집도 있습니다. 그런데 막상 원하지 않았던 아이를 낳고 보면 얼마나 귀엽고 얼마나 총명한지 이런 아이를 낳지 않았더라면 얼마나 후회했을까 하는 생각을 하는 경우도 왕왕 있습니다.

구약 성경에 나오는 모세의 부모 같은 경우에 모세는 정말 원하지 않던 임신이었습니다. 왜냐하면 히브리인들에게 남자아이가 태어나면 그 즉시 나일강에 던져서 죽이게 되어 있었기 때문입니다. 그런데 그 아이를 막상 낳고 보니까 너무나도 이목구비가 또렷하고 총명하게 생겨서 도저히 강에 던져서 죽일 수가 없었습니다. 그래서 모세의 어머니는 믿음으로 아주 큰 모험을 하게 되는데 애굽의 귀부인들이 목욕하러 오는 곳에 모세를 갈대 상자에 넣어 놓고 하나님의 섭리를 기다렸습니다. 그런데 기적이 일어났습니다. 모세를 바로의 공주가 발견하고 자기 아들로 삼았습니다. 그 결과 유모는 모세의 어머니가 된 것입니다. 아이가 죽으면 죽으리라 하고 갈대숲에 두었는데 다시 자기 품에 살아서 오게 되었습니다. 모세의 어머니는 모세를 젖 뗄 때까지 키우면서 온 정열을 다하여 믿음으로 키웠습니다. 그런데 그가 어머니로부터 어렸을 때 배운 그 교육이 모세의 전 인생을 좌우하게 되었습니다. 결국 실컷 애굽의 교육을 다 받고 난 후에도 이스라엘 백성들에게로 돌아오게 되었습니다. 이런 것을 볼 때 어린 사람에 대한 신앙 양육이 얼마나 중요한지 잘 알 수 있습니다.

저는 얼마 전에 제가 첫 신혼 때 교회에서 가르쳤던 고등부 학생들을 이십칠 년 만에 만나게 되었습니다. 그때 십대의 어린 청소년들이 이제는 사십대 중반이 되어 있었습니다. 저는 그때 일년 정도 그 학생들을 맡아서 열심히 성경을 가르쳤습니다. 그런데 그때 일년 동안 같이 성경 공부했던 것이 그들의 마음속에 오랫동안 지워지지 않았던 것입니다. 그들은 그때 구체적으로 어떤 것을 배웠는지 기억은 나지 않지만 누군가가 우리를 사랑했고 하나님의 사랑을 느꼈던 그 순간은 아무리 세월이 지나고 나이가 들어도 지워지지 않았다고 했습니다. 그들에 의하면 그 후에 교회를 다니는 사람도 있고 다니지 않는 사람도 있었지만 그때로 돌아갔을 때는 모두 하나가 되어 너무나 좋아서 저를 만나고 싶어 했다고 합니다. 저도 그들을 만나고 싶어 했습니다. 왜냐하면 제가 어렸을 때 믿음으로 낳았던 사랑했던 영적인 자식이기 때문입니다.

우리가 이런 것을 보면 신앙에 있어서도 처음에 누구로부터 구체적인 사랑을 받으면서 은혜를 체험하느냐가 매우 중요한 것입니다.

처음에 어떤 사람으로부터 구체적으로 엄청난 사랑과 관심을 받고 은혜를 받으면 지워지지 않는 마음의 추억으로 남게 되어서 그 후에도 한 평생을 밝혀주는 힘이 되는 것입니다.

저는 제 자식은 많이 낳지 못했습니다. 저는 이 세상 살면서 겨우 딸 하나를 낳아서 키웠습니다. 그러나 저는 사도 바울처럼은 하지 못했지만 가는 곳곳마다 많은 영적인 자녀들을 낳았습니다. 그래서 영적인 자녀들이 있는 동안에는 늘 행복했습니다. 사실은 이 영적인 자녀들이 저를 엄청나게 준비시켰고 저를 성숙시켰습니다.

사도 바울은 육체적으로는 자녀를 만들지 못했지만 정말 가는 곳마다 엄청나게 많은 영적인 자녀들을 낳았습니다. 그런데 그 중에서도 데살로니가 교인들은 사도 바울이 기대를 하지 않았던 자녀들이었습니다. 사도 바울은 빌립보에서 의외로 큰 고생을 했기 때문에 아마도 데살로니가는 그냥 지나쳐갈 생각이었던 것 같습니다. 그런데 전혀 생각지도 못하게 데살로니가로 가게 되면서 말씀을 전했지만 뜻하지 않게 심한 반대와 고난을 겪었습니다. 그렇지만 바울은 데살로니가 교인들을 잊을 수 없었습니다. 이제 사도 바울은 어느 정도 시간이 지난 후에 자신이 어떤 심정으로 데살로니가 교인들을 대했는지 회고를 합니다. 이렇게 하는 이유는 데살로니가 교인들이 사도 바울과 하나님께 매우 중요한 사람이었기 때문입니다.

의외의 수확

사도 바울이 데살로니가에 가게 된 것은 마치 아이로 치면 전혀 기대를 하지 않았는데 아이가 들어 선 것과 같이 예상하지 못했던 일이었습니다. 그런데 이렇게 해서 생겨난 데살로니가 교인들은 그야말로 진리에 있어서 진국이었고 보배로운 사람들이었습니다.

어떻게 보면 데살로니가 교회와 정반대되는 입장에 서 있는 사람들이 아테네 사람들이었다고 할 수 있습니다. 아테네는 그 당시 세계에서 가장 지성적인 도시였고 아주 종교성이 높은 도시였습니다. 사도 바울은 이런 도시면 뭐가 되어도 되겠구나 라고 생각하고 열심히 전도하고 변론했는데 의외로 아무런 성과가 없었습니다. 하지만 데살로니가에서는 이런 도시에서 뭔가 나올 수 있을까 하는 생각으로 그냥 지나가는 심정으로 들어갔는데 실제로 이 안에서 치열한 영적인 전쟁도 있었고 너무나도 귀한 하나님의 백성들을 건질 수 있었던 것입니다.

그래서 사도 바울은 이렇게 말을 하고 있습니다.

"형제들아 우리가 너희 가운데 들어감이 헛되지 않은 줄을 너희가 친히 아나니"(1절).

'너희 가운데로 들어간 것이 헛되지 않다' 는 말이 무슨 뜻입니까? 기대도 하지 않았는데 엄청난 수확이 있었다는 뜻입니다. 그러기에 우리는 하나님의 일은 우리의 기대와 다르게 되어질 때가 너무나도 많다는 것을 알아야 합니다. 어떤 때에는 잔뜩 기대하고 들어갔는데 별로 성과가 없는 때도 있고 어떤 때에는 정말 들어가기 싫고 도대체 이런데 가 봐야 무슨 성과가 있을까 하면서 전혀 기대도 하지 않았는데 엄청난 노다지를 건지는 때도 있기 때문입니다. 따라서 우리는 하나님께 '나의 뜻대로 마옵시고 아버지의 뜻대로 이루어지기를 원하나이다' 라고 기도드릴 수밖에 없습니다. 저도 어떤 때 너무나도 가기 싫고 막상 가서도 왜 왔을까 하면서 늘 의심했던 곳에서 첫 시간부터 성령의 폭발적인 역사가 나타났던 경험을 여러 번 하게 되었습니다. 그때 사도 바울의 이 고백이 실감이 났습니다.

사도 바울은 데살로니가에서 전혀 생각지도 않게 치열한 영적인 전쟁을 벌이게 되었습니다.

> "너희 아는 바와 같이 우리가 먼저 빌립보에서 고난과 능욕을 당하였으나 우리 하나님을 힘입어 많은 싸움 중에 하나님의 복음을 너희에게 말하였노라"(2절).

사도 바울은 마케도니아 첫 도시인 빌립보에서 의외로 고전을 하였습니다. 특히 감옥에서 채찍질을 당하는 바람에 치료나 요양이 필요한 상태였습니다. 어쩌면 사도 바울 일행은 데살로니가에서 무슨 본격적인 복음을 전하기보다는 좀 쉬려는 생각으로 들어갔는지 모르겠습니다. 그런데 의외로 사도 바울은 데살로니가에서 가장 본격적인 복음을 전하는 일을 하게 되었습니다. 특히 그곳에서 사탄의 강한 반발을 경험하게 되었습니다. 그 이유가 무엇입니까? 데살로니가에 진짜 하나님의 백성들이 많이 있었기 때문입니다.

사도 바울이 데살로니가에서 경험했던 것은 정말 해 볼만한 영적인 싸움이었습니다. 이것은 빌립보에서 귀신들렸던 점치는 여종 하나가 따라다니면서 애를 먹인 것이나 고소를 당해서 감옥에서 두들겨 맞는 정도가 아니라 제대로 된 복음의 싸움을 싸웠던 것입니다.

예를 들어 어떤 부대가 있는데 어느 곳을 지나가다가 생각지도 못한 강한 적을 만나서 전투를 했는데 거기서 많은 사람들을 건질 수 있었다면 이것은 정말로 보람된 일이 아닐 수 없을 것입니다. 이것은 그야말로 무공 훈장감인 것입니다. 우리는 때때로 전혀 생각지도 못한 곳에서 아주 가치 있는 하나님의 일을 하게 되고 또 결코 적지 않은 성과를 올릴 때가 있습니다. 사도 바울에게는 데살로니가가 바로 그런 곳이었습니다.

사도 바울의 양육 비결

사도 바울이 데살로니가에서 교인들을 양육할 수 있는 기간은 그야말로 짧은 기간이었습니다. 사도행전의 기록에 의하면 3주 정도였던 것으로 알 수 있습니다. 이 3주도 그냥 편안한 3주가 아니고 유대교의 반대나 공격이 있는 3주였습니다. 그런데 어떻게 사도 바울이 이 짧은 기간 동안 데살로니가에서 많은 좋은 성도들을 키울 수 있었을까요?

사도 바울은 그 비결을 몇 가지로 소개하고 있습니다.

그 첫째는 사도 바울이 말씀을 전할 때 전혀 가식이 없는 솔직하고 진실하게 전했다는 것입니다.

사도 바울은 자기가 데살로니가에서 전한 것은 간사한 말이나 아첨하는 말로 하지 않았다고 고백을 하고 있습니다.

"우리의 권면은 간사에서나 부정에서 난 것도 아니요 궤계에 있는 것도 아니라. 오직 하나님의 옳게 여기심을 입어 복음 전할 부탁을 받았으니 우리가 이와 같이 말함은 사람을 기쁘게 하려 함이 아니요 오직 우리 마음을 감찰하시는 하나님을 기쁘시게 하려 함이라. 너희도 알거니와 우리가 아무 때에도 아첨의 말이나 탐심의 탈을 쓰지 아니한 것을 하나님이 증거하시느니라"(3-5절).

여기서 사도 바울은 자신들이 데살로니가에서 말씀을 전할 때 간사나 부정이나 아첨으로 전한 것이 아니라는 것을 반복해서 말하고 있습니다. 우리가 아는 것처럼 사도 바울은 어디에 가더라도 간사나 궤계로 하나님의 말씀을 전한 적이 없습니다. 그런데 왜 여기서 간사나 부정이나 궤계로 전한 것이 아니라는 말을 할까요? 그것은 데살로니가에서 바울을 대적했던 사람들을 설명하고 있는 것입니다. 데살로니가에 있는 유대인 교사들은 간사와 부정이나 궤계로 하나님의 말씀을 전하려고 했습니다. 이것은 결코 정직한 말씀이 아니었습니다. 이들은 자신의 목적을 달성하기 위해서라면 무슨 이야기든지 다 끌어와서 전할 수 있는 사람들이었습니다. 때로는 공격적이기도 했고 때로는 설득하려고 하기도 했고 때로는 아첨하는 탈을 쓰고 말을 하기도 했습니다. 이 사람은 너무나도 여러 가지 모습으로 나타나고 있었기 때문에 모르는 사람들에게는 상당히 설득력이 있었습니다. 그런 까닭에 그런 논리를 지지하는 사람들도 많았던 것입니다. 그러나 바울은 오직 한 가지의 입장만 취했습니다. 그것은 하나님의 옳게 여기심을 받은 자들로 주님이 부탁하신 복음만 전했습니다.

그 결과 사도 바울이 전한 이 복음은 2000년이 지난 지금도 살아 남아 기독교의 뼈대를 이루고 있는 것입니다.

오늘날 말씀을 전하는 설교자들도 교인들이 유식하고 똑똑하기 때문에 성경만 가지고 가르치면 먹혀들지 않을 것이라고 생각하는 것입니다. 그래서 할 수 있는 대로 많은 다양한 것을 먹이려고 하는데 그것은 성도들에게 결코 유익이 되지 않습니다.

사도 바울은 데살로니가에서 일체 간사나 궤계나 아첨의 탈을 쓰지 않았습니다. 맨얼굴에 오직 부탁받은 하나님의 말씀만 전했습니다. 그렇게 했을 때 의외로 상당히 많은 사람들이 진리를 깨닫고 예수님을 믿게 되었습니다.

배우는 사람은 전하는 사람을 그대로 닮아가게 되어 있습니다. 전하는 사람이 가면이나 탈을 쓰고 가르치면 배우는 사람도 가면이나 탈을 쓰게 되어 있습니다. 가르치는 사람이 전혀 가식적이지 않고 모든 점에서 솔직하고 진실할 때 배우는 사람들의 신앙도 솔직하고 진실한 신앙이 되는 것입니다.

두 번째는 아기를 키우는 엄마의 자세였습니다.

"우리가 그리스도의 사도로 능히 존중할 터이나 그러나 너희에게든지 다른 이에게든지 사람에게는 영광을 구치 아니하고 오직 우리가 너희 가운데서 유순한 자 되어 유모가 자기 자녀를 기름과 같이 하였으니"(6-7절).

사도 바울이나 그의 동역자들은 얼마든지 사도로서 데살로니가 교인들에게 지시하고 명령하고 그들 위에 군림할 수도 있었을 것입니다. 왜냐하면 그 당시 사람들에게는 그렇게 하는 것이 길들여져 있어서 그렇게 하는 것이 훨씬 효과적일 수 있었기 때문입니다.

예를 들어 일본 사람들은 지금도 오야붕과 시다의 개념이 있어서 위에서 명령하고 지시하는 것이 더 잘 먹힌다고들 합니다. 그러나 사도 바울은 그렇게 하지 않았습니다. 아이를 양육하는 유모같이 했다고 했습니다. 여기 유모는 엄마 중에서도 젖먹이를 키우는 엄마를 말합니다. 젖을 먹이는 엄마는 아기에게 어떻게 합니까? 아기를 위해서 모든 시중을 다 하고 아기를 위해서 모든 희생을 다 하면서도 기뻐합니다. 왜냐하면 자기가 사랑하는 아기이기 때문입니다. 아마 사도 바울이 데살로니가에서 다른 사람들이 했듯이 명령하고 지시했더라면 훨씬 자기가 편할 수 있었을 것입니다. 그러나 그렇게 해서 얻은 열매는 사도 바울이 떠남과 동시에 다 없어졌을 것입니다. 짧은 기간이었지만 사도 바울이 겸손하게 젖먹이는 아기를 키우듯이 그들의 모든 부족한 것을 아무 말 없이 닦아주고 씻겨주고 했을 때 이것이 데살로니가 교인들에게 지워지지 않는 깊은 인상을 주었던 것입니다.

우리가 사실 많은 말씀을 듣지만 그 말씀을 다 기억하는 것이 아닙니다. 오히려 그 말씀의 분위기라고 할까요, 아니면 그 사람의 정신을 먹는다고 보는 것이 옳을 것입니다. 결국 아기들은 엄마의 희생과 관심을 먹고 크는 것입니다. 전에 어떤 분이 목회의 방법에 대한 말씀을 하셨습니다. 그래서 저는 대답하기를 '교인들은 목사의 열정과 수고와 희생을 먹고 자라는 것입니다' 라고 대답을 해 주었습니다. 목회라고 하는 것은 이론이나 어떤 프로그램으로 되는 것이 아니라 오직 그 목회자의 사랑과 희생과 열정을 먹고 자라는 것입니다.

사도 바울은 데살로니가 교인들을 이론적으로 키운 것이 아닙니다. 오직 사랑으로 자기 자신을 희생하며 섬겼습니다. 그랬더니 데살로니가 교인들을 이상하게도 바르게 자라게 되었습니다.

사도 바울은 무엇이라고 고백을 합니까?

"우리가 이같이 너희를 사모하여 하나님의 복음으로만 아니라 우리 목숨까지 너희에게 주기를 즐겨함은 너희가 우리의 사랑하는 자 됨이니라"(8절).

사도 바울은 데살로니가 교인들을 위해서 모든 것을 다 주고 싶었고 그들을 위해서 모든 것을 희생해도 아깝지가 않았습니다. 그만큼 데살로니가 사람들은 복음에 있어서 순수했습니다. 우리는 복음에 순수한 사람들을 보면 모든 것을 다 주고 싶습니다. 그리고 그 사람들을 위해서는 모든 것을 희생하고 싶습니다. 하지만 그들에게 모든 것을 다 줄 수 없습니다. 그 이유가 무엇일까요? 그 사람들이 내 사람들이 아니고 주님의 사람들이기 때문입니다. 그래서 사도 바울은 데살로니가 교인들을 두고 떠났던 것입니다.

하나님의 종들은 교인들을 너무 사랑하지만 결코 너무 사랑해서는 안 됩니다. 왜냐하면 인간의 사랑 안에는 반드시 독이 들어있기 때문입니다.

세 번째는 자비량으로 복음을 전했습니다.

"형제들아 우리의 수고와 애쓴 것을 너희가 기억하리니 너희 아무에게도 누를 끼치지 아니하려고 밤과 낮으로 일하면서 너희에게 하나님의 복음을 전파하였노라. 우리가 너희 믿는 자들을 향하여 어떻게 거룩하고 옳고 흠 없이 행한 것에 대하여 너희가 증인이요 하나님도 그러하시도다"(9-10절).

목회자가 교회에서 말씀을 전할 때 완전히 자비량으로 하는 것은 바른 것은 아닙니다. 왜냐하면 교인들로 하여금 자기 목회자에 대한 책임을 스스로 지게 해야 신앙이 빨리 자랄 수 있기 때문입니다. 자기가 경제적인 부담을 지지 않을 때에는 언제까지나 구경꾼으로 있을 때가 많습니다. 그러나 그들의 신앙이 너무 어릴 때에는 오히려 경제적인 부담을 지우지 않는 것이 더 신뢰를 줄 수 있습니다.

그대신 사도 바울은 무엇이 옳고 그른 것인지에 대해서는 분명한 기준을 가르쳤던 것 같습니다. 데살로니가 교인들은 아직 이방인들이기 때문에 어떻게 하는 것이 바른 믿음 생활인지 모를 때가 많았습니다. 그래서 이것을 분명하게 가르쳐주었습니다.

 네 번째는 아버지와 같이 의논의 상대가 되어주고 때로는 위로도 하고 때로는 꾸짖기도 했습니다.

> "너희도 아는 바와 같이 우리가 너희 각 사람에게 아비가 자기 자녀에게 하듯 권면하고 위로하고 경계하노니 이는 너희를 부르사 자기 나라와 영광에 이르게 하시는 하나님께 합당히 행하게 하려 함이니라"(11-12절).

 자녀를 키우면서 늘 젖먹이를 대하듯이 하면 응석받이가 되어서 훌륭한 사람이 될 수가 없습니다. 때로는 아버지가 훈계도 하시고 야단도 치시고 위로도 할 때 더 성숙한 자녀가 될 수 있습니다. 여기에 '권면하며'라는 용어를 통해 권면적 상담이 나오게 됩니다. 이 권면적 상담이라는 것은 성경을 가지고 적극적으로 가르치는 것을 말합니다. 어떻게 보면 이것이 가장 효과적인 것 같습니다. 왜냐하면 이미 사고가 터진 후에 붙잡고 야단을 치는 것보다는 미리 진리를 충분히 가르쳐 주었을 때 죄가 예방이 되기 때문입니다. 청소년들의 경우에 문제아가 되고 난 후에 상담을 해서 교정하는 것도 중요하지만 정상적인 아이들이 문제아가 되지 않도록 충분히 상담해줄 수 있다면 그것이 더 바람직한 방법이 될 것입니다. 그런데 '권면적'이라고 해서 무조건 일방적으로 주입을 시키는 것만을 말하는 것이 아닙니다. 권면을 하는데 우선적으로 필요한 것은 상대방의 이야기를 충분히 들어주는 것입니다. 그리고 그 사람이 알아들을 수 있도록 가르쳐주어야 따라오게 됩니다. 그래서 하나님의 말씀을 가르치는 데에는 가르치는 자와 배우는 자 사이에의 인격적인 신뢰가 아주 중요합니다. 인격이 신뢰되지 않는 상태에서는 아무리 좋은 것을 가르쳐도 귀에 들어오지 않기 때문입니다.

데살로니가 교인들의 장점

데살로니가 교인들은 하나님의 진리를 받아들이는데 있어서 아주 탁월한 장점을 가지고 있었습니다.

첫째로 그들은 바울에게서 복음을 들을 때 이것을 사람의 말로 듣지 않고 하나님의 말씀으로 받아들였습니다.

> "이러므로 우리가 하나님께 쉬지 않고 감사함은 너희가 우리에게 들은바 하나님의 말씀을 받을 때에 사람의 말로 아니하고 하나님의 말씀으로 받음이니 진실로 그러하다 이 말씀이 또한 너희 믿는 자 속에서 역사하느니라"(13절).

데살로니가 교인들은 바울의 말을 전부 하나님의 말씀으로 받아들였습니다. 그러니까 바울의 말에 골라낼 것이 없었습니다. 그리고 의심하고 말 것이 없었습니다. 일단 전부 하나님의 말씀으로 다 믿었습니다. 그러니까 이 말씀이 그들 안에서 능력으로 기적으로 나타나게 되었습니다. 하나님의 말씀을 듣는데도 여러 가지 자세가 있습니다. 어떤 사람은 이 말을 그 사람이 하는 말로 듣습니다. 그러니까 그 사람의 말에서 그 사람의 말과 하나님의 말씀을 골라내어야 하니까 얼마나 피곤한지 모릅니다. 그리고 말씀 하나 하나에 진실성이 의심이 되는 것입니다. 그러나 어떤 사람은 마치 스펀지가 물을 빨아들이듯이 그대로 다 믿고 받아들이는 사람들이 있습니다. 이런 사람들에게는 하나님의 말씀이 그대로 능력이 되어버립니다. 왜냐하면 이런 사람의 마음은 좋은 밭이기 때문에 삼십 배 육십 배 백배의 결실을 하게 되기 때문입니다.

우리나라 교인들에게 감사한 것은 성경을 모두 하나님의 말씀으로 믿습니다. 그러니까 부흥이 일어나는 것입니다. 그러나 서양의 많은 사람들은 성경에는 인간의 말과 하나님의 말이 섞여 있다고 생각합니다. 그러니까 하나님의 말씀 자체를 의심하면서 들으니까 냉소적인 신앙이 되고 마는 것입니다.

두 번째로 데살로니가 교인들은 유대인들의 가르침을 맹목적으로 따르지 않았습니다. 이때만 하더라도 사람들은 학문이라고 하면 무조건 그리스였고 여호와의 종교라고 하면 유대교라고 생각을 했습니다. 그리고 그때까지만 해도 많은 사람들이 유대교와 기독교를 잘 구별하지 못하고 있었습니다. 그런데도 데살로니가 교인들은 유대교를 따르지 않았습니다.

> "형제들아 너희가 그리스도 예수 안에서 유대에 있는 하나님의 교회들을 본받은 자 되었으니 저희가 유대인들에게 고난을 받음과 같이 너희도 너희 나라 사람들에게 동일한 것을 받았느니라. 유대인은 주 예수와 선지자들을 죽이고 우리를 쫓아내고 하나님을 기쁘시게 아니하고 모든 사람에게 대적이 되어"(14-15절).

여기서 우리는 새로운 사실을 알게 되는데 유대에 있는 교회가 유대인들에게 핍박을 많이 당했다는 사실입니다. 그리고 데살로니가 교인들도 데살로니가 사람들로부터 핍박을 당했다는 것입니다. 그러나 그들은 조금도 흔들리지 않고 성경적인 신앙을 고수했습니다.

우리는 다른 사람이 하는 것을 맹목적으로 모방을 하려고 해서는 안 됩니다. 최근에 우리나라 교회는 미국의 여러 가지 것들을 그대로 모방하는 것을 많이 볼 수 있습니다. 그러나 그 안에는 장점도 있고 단점도 있기 때문에 무조건 남이 하는 것을 따라서 하는 것은 좋지 않습니다.

세 번째로 이것은 바울의 장점인데 바울은 데살로니가 교인들의 신앙을 자신의 자랑으로 생각하고 면류관으로 생각을 했습니다.

사도 바울은 진심으로 복음을 전하고 떠난 데살로니가 교인들을 다시 만나기를 원했습니다. 왜냐하면 그들은 사도 바울의 영적인 자녀들이었기 때문입니다. 사도 바울은 데살로니가 교인들을 만나려고 한번이나 두 번 가려고 했지만 사탄이 길을 막았다고 말을 했습니다. 그러나 이제 사도 바울에게는 다른 자랑이나 기쁨은 없었습니다. 오직 데살로니가 교인들이 복 받고 부흥되는 것이 최고의 기쁨이요 자랑이었습니다. 왜냐하면 이들이 바로 그리스도인들의 신부들이기 때문입니다. 하나님 앞에서 가장 무서운 심판을 받는 것이 있다면, 그것은 교회를 찢어놓고 상처를 주는 것입니다. 그러나 그리스도 안에서 가장 잘했고 큰 상을 받을 만한 것은 교회를 가장 아름다운 그리스도의 신부로 준비시켜 놓는 것입니다. 여러분 모두는 주님을 가장 사랑하는 아름다운 성도가 되기를 바랍니다.

03
영적 이유기
살전 3:1-13

　어미가 새끼를 늘 업고 다니는 짐승이 있습니다. 그것은 코알라입니다. 어미 코알라는 나무에 매달려 있을 때에도 언제나 새끼 코알라를 업고 있습니다. 그러다가 새끼가 어느 정도 자라고 나면 어미는 어느 날 갑자기 등에서 새끼를 떨어트려 버립니다. 그러면 새끼는 자기 스스로 홀로 서기를 해야 하는 것입니다. 옛날에 아이들이 어렸을 때는 모유를 먹었습니다. 그런데 아이들 중에는 젖을 제때 떼지 못해서 초등학교 다니면서까지도 엄마 젖을 먹는 아이들이 있었습니다. 대개 엄마들은 만 한 살이나 두 살이 되면 젖을 떼는데 젖을 떼기 위해서 별 방법을 다 사용합니다. 그러나 아이들에게는 자기 주식이 빼앗기는 순간이기 때문에 이것이 얼마나 심각한 일인지 모릅니다. 그러기에 아이들 중에서는 울면서 절대로 젖을 포기하지 않으려고 떼를 쓰는 아이들이 있는 것입니다.

구약 성경에 보면 아이들의 젖을 떼는 일을 아주 중요하게 생각했던 것을 알 수 있습니다. 아브라함은 아들 이삭의 젖을 떼는 날 아주 큰 잔치를 열어서 사람들을 초청해서 축하를 했습니다. 하지만 그 날에 아브라함의 집에서는 큰 소동이 벌어졌습니다. 그것은 형인 이스마엘이 어린 이삭을 희롱하는 것을 엄마인 사라가 본 것입니다. 그래서 당장 이스마엘을 내어보내라고 해서 이스마엘을 쫓아 보내는 바람에 이삭은 젖 떼는 날 정신적으로도 이스마엘의 지배에서 벗어나게 되었습니다.

모세의 어머니는 아마도 모세가 젖을 뗄 대까지만 모세를 맡아서 키울 수 있었던 것 같습니다. 그래서 모세의 어머니는 모세가 젖을 뗄 때까지 그 마음속에 철저한 여호와의 신앙을 아예 각인시켜 놓았습니다. 그런데 이것이 성공하면서 결국 모세는 나중에 성인이 된 후에도 어렸을 때 어머니가 가르쳐준 신앙에 따라서 히브리인들을 찾아오게 됩니다.

요즘 우리나라에서는 너무 어렸을 때 소년소녀 가장이 되어서 자기 스스로 집안을 책임져야 하는 아이들이 있는가 하면 정신적인 미숙으로 나이가 든 후에도 경제적으로 자립하지 못하고 부모의 도움으로 생활하는 사람들이 많이 있다는 이야기를 듣습니다.

아이들이 청소년기가 되면 부모의 말에 자꾸 반항을 하려고 하고 밖에 나가서 친구들과 어울리려고 하는 시간이 많아집니다.

자녀들이 부모에 대하여 반항적인 이유는 자기 생각에는 충분히 컸는데도 부모는 여전히 자기를 어린 아이 수준에서 대하기 때문입니다. 그러나 자녀들이 청소년들 친구끼리만 어울려서는 장래에 성공할 수가 없습니다. 청소년기에는 자기들을 품어주면서 미래에 꿈을 심어줄 수 있는 아주 큰 그릇의 인물을 만나는 것이 중요합니다. 청소년기에 이런 사람을 만나서 그 사람이 마음속에 아주 좋은 모델로 각인이 되어서 새겨지기만 하면 그 후에는 어떤 고난과 역경이 있어도 이겨내고 자기도 성공하는 사람이 될 수 있습니다.

대개 사람들이 신앙적으로 홀로 설 수 있는 단계는 청소년기나 대학생 때 찾아옵니다. 주로 어린 아이 때의 신앙은 주입식으로 일방적으로 받아들이기만 했는데 청소년기나 청년기가 되면 신앙에 회의가 오게 됩니다. 즉 지금까지 내가 배운 신앙이 정말 내가 옳아서 받아들인 것일까 아니면 내가 아무 생각이 없이 세뇌가 된 것일까 하는 의심을 하게 됩니다. 그래서 신앙의 회의가 오는 것은 반드시 나쁜 것이 아니라 신앙적으로 홀로 서려고 하는 것입니다. 이때 교회나 목회자들의 신앙에 대하여 실망을 하게 되면 신앙을 버리게 됩니다. 그러나 이때 큰 은혜 받고 성령의 체험을 하게 되면 죽을 때까지 충성된 신자가 되는 것입니다.

데살로니가 교인들은 가장 위대한 전도자 사도 바울의 가르침을 받고 은혜를 받았던 사람들이었습니다. 그런데 그들은 너무 일찍 영적인 이유기를 겪게 되었습니다. 즉 사도 바울의 가르침을 받고 한창 은혜를 받는 중에 유대인의 핍박으로 사도 바울이 데살로니가를 떠나야 하는 일이 생기게 되었습니다. 사실 데살로니가 교회는 초대교회 여러 교회들 중에서 최고로 빨리 이유기를 겪어야 했습니다. 한 걸음 더 나아가서 영적인 부모를 빼앗겨야만 했습니다. 그래서 모든 신실한 종들은 다 데살로니가를 떠났기 때문에 오직 데살로니가 교인들만 남게 되었습니다. 거기에다가 믿지 않는 사람들의 심한 핍박까지 받았음에도 불구하고 데살로니가 교회는 살아남아 있었습니다. 사도 바울은 디모데를 통하여 이 사실을 알고는 미칠 듯이 기뻐하였고 '이제는 자기가 살 것 같다'는 말을 하게 되었던 것입니다. 우리가 이것을 볼 때 사람이 영적 이유기를 겪기 전에 탁월한 영적 지도자로부터 하나님의 말씀을 제대로 듣는 것이 얼마나 중요한지 새삼 깨닫게 됩니다.

데살로니가 교인들의 영적인 환란

데살로니가 교인들의 가장 큰 시련은 믿은 지 얼마 되지 않은 상태에서 영적인 부모를 빼앗긴 것이었습니다. 그들은 더이상 하나님의 말씀을 공급받을 수 있는 곳이 없었습니다.

"이러므로 우리가 참다 못하여 우리만 아덴에 머물기를 좋게 여겨 우리 형제 곧 그리스도 복음의 하나님의 일군인 디모데를 보내노니 이는 너희를 굳게 하고 너희 믿음에 대하여 위로함으로"
(1-2절).

사도 바울은 여기서 '우리가 참다못하여'라는 표현을 쓰고 있습니다. 이것은 극단적으로 걱정이 되어서 도저히 가만히 앉아 있을 수 없는 상태를 말하는 것입니다. 비록 사도 바울이 데살로니가에서 성령의 역사하는 가운데 하나님의 말씀을 전했고 교인들은 사도 바울의 말씀을 사람의 말로 받지 않고 하나님의 말씀으로 받아들여 은혜를 받았지만 그래도 마음이 놓이지 않았습니다.

사도 바울이 데살로니가를 떠나서 베뢰아에 갔다가 아테네에 왔을 때에는 더 이상 참을 수 없을 정도로 데살로니가 교인들에 대하여 알고 싶어졌습니다. 그래서 사도 바울은 아테네에 '우리만' 남고 디모데를 다시 데살로니가로 보내었노라고 말을 하고 있습니다.

여기서 사도 바울의 말은 사도행전의 기록과는 차이가 나타납니다. 사도 바울이 데살로니가를 떠난 후에는 디모데와 실라를 베뢰아에 남겨두고 혼자서 아테네에서 복음을 전합니다. 그러면서 디모데에게 빨리 내려오라고 하여 고린도에서 디모데와 실라와 함께 합류를 합니다. 그런데 오늘 본문을 보면 그가 아테네에서 디모데를 데살로니가로 보내었다고 말을 하고 있습니다. 그러니까 아마 사도행전에 기록되지 않았던 일이 있었던 것 같습니다. 즉 디모데가 중간에 아테네로 왔지만 데살로니가 교회의 소식을 갖고 오지 않았습니다. 그래서 바울은 다시 디모데를 데살로니가로 보내어서 꼭 데살로니가 교회의 사정을 알아서오게 했던 것입니다. 이것을 보면 사도 바울 자신은 데살로니가로 가고 싶어도 가지 못하고 걱정만 잔뜩 하고 있는 것을 볼 수 있습니다. 그러다가 도저히 참을 수가 없어서 디모데를 그 위험한데 보내어서 데살로니가 교인들의 믿음의 상태를 알아오게 한 것입니다.

지금 왜 바울은 데살로니가 교인들에 대하여 이렇게 안절부절 못할 정도로 걱정을 하고 알고 싶어 하고 있을까요? 그 이유는 사도 바울이 하나님의 말씀으로 데살로니가 교인들을 낳았기 때문입니다. 그러나 그들을 제대로 키우지 못한 채로, 이들을 병아리 상태로 두고, 특히 핍박하는 자들 가운데 두고 떠나야만 했던 것입니다. 사도 바울은 이 말씀으로 은혜를 받은 자들이 과연 믿음을 잃지 않고 생존을 했을까 아니면 거친 핍박의 소용돌이에 파묻혀서 다 죽어버렸을까 하는 걱정이 너무나도 많았던 것입니다. 그래서 바울은 자기는 가지 못하지만 디모데가 대신 말씀을 가지고 데살로니가로 가게 했습니다.

그런데 데살로니가 교인들의 신앙은 살아 있었습니다. 참으로 놀라운 것이 바로 이것이었습니다. 영적인 부모들은 다 떠나고 핍박하는 자들 가운데 남겨져 있었는데도 불구하고 아무도 신앙을 버리지 않고 다 열심히 신앙생활을 하고 있었습니다. 도대체 어떻게 해서 이런 기적이 일어날 수가 있었을까요?

여기서 우리는 몇 가지 중요한 사실을 깨닫게 됩니다.

우선 첫째는 복음을 전하고 사람들의 영혼을 살리는 일은 하나님이 하신다는 사실입니다. 우리는 내가 하나님의 말씀을 전하고 내가 사람을 키운다고 생각하지만 실제로는 우리는 사용되는 것뿐이고 전도하시고 신앙을 키우는 분은 하나님 자신인 것입니다.

사도 바울은 고린도 교인들에게 보낸 편지에서 "나는 심었고 아볼로는 물을 주었으되 오직 하나님은 자라나게 하셨나니 그런즉 심는 이나 물주는 이는 아무 것도 아니로되 오직 자라나게 하시는 하나님뿐이니라"(고전 3:6-7)이라고 했습니다.

아이들을 여럿 키운 부모에게 '자식을 키우느라고 수고하셨습니다' 라고 말을 하면 '뭐, 제가 키웠나요? 자기들이 저절로 알아서 컸지요' 라고 대답을 많이 합니다. 사실 식물이 자라는 것을 보면 신기합니다. 씨를 뿌려 놓고 하루 밤 자고 나면 싹이 나서 자라기 시작합니다. 사람이 하는 것은 그야말로 최소한 것들입니다. 풀이나 뽑아주고 물이나 주는 정도인데 식물은 자기 스스로 자라는 것입니다. 아이들도 마찬가지입니다. 일단 아이를 만들기가 힘들어서 그렇지 일단 한번 태어나고 나면 어떻게 해서든지 자라게 되어 있습니다. 놀라운 것은 어떤 사람은 누가 많은 것을 가르쳐주지 않았음에도 불구하고 아주 바른 신앙으로 자라는 사람들이 있습니다.

사무엘 같은 경우에는 당시 제사장들도 다 부패했고 제대로 말씀을 가르쳐주는 사람이 없었는데도 아주 바른 신앙을 가지고 자랐습니다. 이런 것이 바로 하나님께서 키워주시는 것입니다. 그래서 일단 바른 복음의 씨만 뿌려지기만 하면 어떻게 해서든지 신앙은 자라게 됩니다.

두 번째로 중요한 것은 데살로니가 교인들은 한 사람 한 사람이 흩어지지 않고 교회로 모였다는 것이었습니다. 사실 예수 믿은 지 얼마 되지 않은데 말씀의 공급이 끊어지면 결국 영적으로 굶주리다가 신앙을 버리는 경우들이 참 많이 있습니다. 그런데 데살로니가 교인들이 잘한 것은 계속 교회로 모였습니다. 교회라고 하는 것은 개인과 다른 점이 분명히 있습니다. 교회는 하나님의 진리를 담는 항아리입니다. 그래서 항아리가 있으면 진리는 채워지게 되어 있습니다. 데살로니가 교인들이 함께 계속 모이니까 성령께서 그 중에 예언의 은사를 주셔서 하나님의 말씀이 끊어지지 않게 하셨던 것입니다.

오늘 우리가 마귀의 도전을 이기고 세상을 이기기 위해서는 하나님의 말씀만 붙들어야 합니다. 그러면 이 세상의 모든 시험을 다 이기고 승리하게 됩니다.

이스라엘 백성들이 광야 사십년을 이기고 결국 요단강을 가르고 가나안 땅을 차지할 수 있었던 것은 말씀을 가진 공동체였기 때문입니다. 그래서 우리가 하나님의 말씀을 붙잡고 교회로 계속 모이면 불황도 이기고 질병도 이기고 경제적인 위기도 이기고 결국 이스라엘 백성들처럼 가나안의 축복을 받게 되어 있습니다.

그리고 세 번째로 사도 바울은 데살로니가 교회에 아주 강력한 하나님의 말씀의 씨를 뿌렸습니다.

"우리가 너희와 함께 있을 때에 장차 받을 환난을 너희에게 미리 말하였더니 과연 그렇게 된 것을 너희가 아느니라"(4절).

사도 바울은 데살로니가 교인들에게 시시한 말씀을 가르친 것이 아니라 그들이 하나님의 말씀을 믿게 되었을 때 치러야 할 대가와 또 일어날 수 있는 사탄의 공격에 대하여 가르쳤는데 그것이 그대로 나타나게 되었습니다. 그러니까 데살로니가 교인들은 아예 처음 믿을 때부터 고난에 준비된 상태에서 믿게 되었던 것입니다. 무엇보다 그들은 처음부터 사도 바울이라고 하는 이 위대한 인물을 통하여 구체적인 믿음의 모델이 그들의 마음속에 인이 새겨지듯이 새겨졌던 것입니다.

구약 룻기를 보면 나오미가 모압으로 이사를 온 후 오래지 않아 두 아들 모두 일찍 죽고 굉장한 시련과 어려움 가운데 있었는데도 룻은 이 고난 중에 있는 시어머니를 통해서 어마어마한 하나님의 세계를 보았습니다. 그 결과 룻은 베들레헴에 가면 아무 소망도 없고 시어머니도 자꾸 모압에서 재혼해서 살라고 하는데도 불구하고 죽으라고 시어머니를 따라 유다로 와서 하나님을 붙잡았던 것입니다. 그것은 비록 짧은 순간이었지만 시어머니를 통해서 엄청난 신앙의 세계를 보았던 것입니다. 우리가 위대한 하나님의 세계를 보는데 많은 시간이 필요한 것이 아닙니다. 한번 제대로 보기만 하면 그 후에는 영원히 지워지지 않는 인이 새겨져버리는 것입니다.

사도 바울의 계속적인 관심

사도 바울은 어느 한 곳에 정착해서 말씀을 전하는 자가 아니고 여러 곳을 다니면서 복음을 전하는 사람이었습니다. 그래서 그가 일단 데살로니가를 떠났으면 데살로니가 일은 잊어버리고 아테네나 고린도 같은 다른 일에 신경을 써야 할 것입니다. 그런데 사도 바울은 데살로니가 교인들에 대한 계속적인 관심을 가지고 있었습니다.

> "이러므로 나도 참다못하여 너희 믿음을 알기 위하여 보내었노니 이는 혹 시험하는 자가 너희를 시험하여 우리 수고를 헛되게 할까 함이러"(5절).

사도 바울이 데살로니가 교인들에 대하여 계속적인 관심을 가진 이유는 두 가지로 생각할 수 있습니다.

우선 첫째는 사도 바울이 데살로니가 교인들에게 말씀을 전할 때 성령의 능력이 임했습니다. 사도 바울 자신도 '복음이 말로만 그들에게 임한 것이 아니라 오직 능력과 성령과 큰 확신으로 된 것이라'(1:5)고 했습니다. 그리고 데살로니가 교인들도 사도 바울의 가르침을 '사람의 말로 듣지 않고 하나님의 말씀으로 받았다'(2:13)고 말씀하셨습니다. 이것은 가르치는 자와 듣는 자가 말씀을 통해 성령으로 서로 하나가 되어버린 것을 말합니다. 그 결과 가르치는 자와 듣는 자 사이에 신비로운 연합이 이루어진 것입니다. '성령의 교통하심'이라는 것이 바로 이런 것입니다. 그들은 서로 말씀으로 은혜를 나누었기 때문에 뗄래야 뗄 수 없는 연결이 되어 있었던 것입니다.

이것이 기독교인들에게 생명처럼 중요한 것입니다. 그래서 사도 바울은 데살로니가 교인들을 위해서 계속 기도했고 또 기회가 있는 대로 디모데도 보내고 편지도 쓰고 나중에는 결국 자기 자신도 방문을 했던 것입니다. 그리고 또 하나는 사도 바울은 새로 은혜를 받고 자라는 교인들을 위해서 중보 기도하는 중요성을 잘 알고 있었던 것 같습니다. 사도 바울이 다른 교회에 보낸 편지에도 보면 '내가 너희를 생각하며 항상 기도하고 있다'고 말하고 '하나님이 내 증인이시다'라고 말하기도 했습니다. 그런데 사도 바울은 어떻게 자기가 말씀을 전했던 교회를 그렇게 일일이 기억하고 기도할 수 있었을까요? 아마도 기도 수첩이나 목록 같은 것이 있었던 것 같습니다. 그러니까 기도할 때마다 빼놓지 않고 기도를 해 줄 수 있었던 것입니다.

하나님께서는 우리가 다른 영혼에 대하여 지속적인 관심을 가지고 기도하는 것을 아주 중요하게 생각하십니다. 이것이 일종의 여리고 작전입니다.

여호수아는 여리고성을 공격할 때 하루에 한 바퀴씩 돌았습니다. 보통 우리 같으면 하루에 열 바퀴 돌고 치워버릴 텐데 하나님은 그렇게 하지 못하게 하셨습니다. 그런 까닭에 우리는 누군가를 위해 포기하지 않고 지속적인 관심을 가지고 기도하면 결국 여리고 성이 무너지듯이 기도가 응답이 되는 것입니다.

특히 우리가 가족이나 친구들을 위해서 기도할 때 이렇게 해야 할 때가 많이 있습니다. 즉 한 순간에 교회를 가자고 하면 반발할 때가 있습니다. 그럴 때에는 지속적으로 관심을 가지면서 기도를 하면 하나님께서 그 마음을 준비시켜주시고 또 열어주시는 것입니다. 그럴 때 결정적인 순간에 교회에 가자고 초청을 하면 한 순간에 단단한 마음이 무너지면서 예수님을 영접하게 됩니다.

> "지금은 디모데가 너희에게로부터 와서 너희 믿음과 사랑의 기쁜 소식을 우리에게 전하고 또 너희가 항상 우리를 잘 생각하여 우리가 너희를 간절히 보고자 함과 같이 너희도 우리를 간절히 보고자 한다 하니"(6절).

하나님은 틀림이 없는 분이셨습니다. 사도 바울이 그렇게 마음 졸이면서 기도하며 데살로니가 교인들의 소식을 기대했는데 정말로 기쁜 소식을 듣게 되었습니다. 즉 그 교회가 잘 살아 있고 참으로 건강한 교회로 자라고 있다는 소식을 들은 것입니다. 뿐만 아니라 그들은 사도 바울을 당당하게 만나고 싶어 했습니다. 왜냐하면 자신들의 신앙에 자신이 있었기 때문입니다. 또한 그들에게 복음을 전해 준 것이 너무나 고마왔기 때문입니다.

데살로니가 교인들이 바울에게 준 축복

우리는 집에서 아이들을 키우면서 아이가 구두를 닦아서 돈을 벌어오는 것을 원하지 않습니다. 그저 아이들이 아프지 않고 건강하게 자라주기만 해도 너무나도 고마운 것입니다. 특히 영적인 자녀들이 하나님의 말씀으로 자라는 것은 목회하는 자들에게는 그것 이상 가는 복이 없습니다. 왜냐하면 그 자라는 한 사람 한 사람이 장차 하나님의 나라를 위해 엄청난 일을 하게 될 것이기 때문입니다. 그리고 말씀으로 양육한 사람은 그 복을 함께 누리게 됩니다.

예수님께서는 이렇게 말씀하셨습니다.

> "선지자의 이름으로 선지자를 영접하는 자는 선지자의 상을 받을 것이요. 의인의 이름으로 의인을 영접하는 자는 의인의 상을 받을 것이요"(마 10:41).

우리가 다른 사람을 하나님의 말씀으로 가르치면 그 배우는 사람이 선지자가 됩니다. 여러 사람을 말씀으로 가르치면 배우는 사람들마다 다 선지자가 되는 것입니다. 이 모든 복이 가르친 사람에게 몇 갑절로 돌아오게 됩니다. 또 말씀을 잘 가르치면 배우는 사람들마다 의인이 됩니다. 그 모든 의인의 상도 가르친 사람이 다 함께 받는 것입니다.

변호사들이 민사소송을 하면 이긴 가격 중에서 일정 퍼센트를 수수료로 받게 됩니다. 그러니까 수십억짜리 소송을 해서 이기면 그 수수료는 엄청난 것입니다. 마찬가지로 하나님 앞에서 최고로 상이 큰 것은 사람들을 말씀으로 잘 가르쳐서 전부 보석 같은 믿음이 되게 하는 것입니다. 그러면 그 모든 보석의 값만큼 상으로 받게 됩니다.

사도 바울은 데살로니가 교인들의 믿음이 굳건하게 섰다는 말을 듣고 너무나도 기뻐합니다. 그 이유는 다음 세 가지로 요약할 수 있습니다.

첫째는 그 후에 사도 바울이 굉장히 경제적으로 어렵고 힘들었는데 그 소식을 듣고 어려운 것이 싹 다 없어졌다고 말을 하고 있습니다.

"형제들아 우리가 모든 궁핍과 환난 가운데서 너희 믿음으로 말미암아 너희에게 위로를 받았노라"(7절).

사도 바울이 아테네나 고린도에서 생활할 때 엄청나게 궁핍하고 어려웠던 것 같습니다. 그런데 그들은 데살로니가 교인들의 믿음의 소식을 듣고 영적인 큰 확신을 갖게 되어 위로를 받는 은혜를 누리게 되었습니다. 그들은 갑자기 부자가 된 느낌이었습니다. 왜냐하면 그 수고한 것이 결코 헛되지 않았고 어마어마한 보석들이 만들어진 것을 알았기 때문입니다.

두 번째는 이제는 제발 좀 살겠다고 말을 합니다.

"그러므로 너희는 주안에 굳게 선즉 우리가 이제는 살리라"(8절).

사도 바울은 지금까지 너무나도 걱정이 되어서 죽을 것 같았습니다. 왜냐하면 한편으로는 하나님의 능력에 대하여 믿음도 있었지만 다른 한편으로는 데살로니가 교인들에 대하여 걱정도 되었기 때문입니다. 그런데 이들이 믿음에 굳게 선 것을 알았을 때 이제는 걱정을 하지 않아도 되겠구나 하는 생각이 들면서 살 것 같았습니다. 굳게 서기는 데살로니가 교인들이 섰는데 살기는 사도 바울이 살게 되었습니다.

그리고 세 번째는 최고의 기쁨으로 하나님께 감사드릴 수 있게 되었습니다.

"우리가 우리 하나님 앞에서 너희를 인하여 모든 기쁨으로 기뻐하니 너희를 위하여 능히 어떠한 감사함으로 하나님께 보답할꼬"(9절).

여기서 '모든 기쁨'이라고 하는 것은 사도 바울이 표현할 수 있는 최대한의 기쁨을 말합니다. 어떤 사람은 미칠 듯이 기쁘다라고 말하고 어떤 사람은 죽을 것 같이 기쁘다고 말할 것입니다. 어떤 사람은 로또 복권을 타게 되면 최고로 기뻐할 것입니다. 그러나 사도 바울은 데살로니가 교회가 살아있다는 것이 로또 복권보다 더 기뻤습니다. 왜냐하면 그 한 사람 한 사람이 하나님 나라에 보석이 되었기 때문입니다.

　사도 바울은 데살로니가 교회가 살아있고 그들이 진리에 굳게 선 것을 확인하고 그들을 위하여 다시 기도하기 시작했습니다. 또한 바울은 다시 그들에게 가서 더 풍성한 말씀을 나누기를 원했습니다. 우리 하나님의 백성들에게 가장 필요한 것은 하나님의 말씀을 나누어주는 것입니다. 왜냐하면 이 말씀 안에 모든 복이 있고 능력이 있기 때문입니다. 사도 바울은 아예 그들의 얼굴을 보고 믿음의 부족한 것을 다시 채워주고 싶다고 했습니다.

　그래서 사도 바울은 그들을 향하여 직행하게 해 달라고 기도를 했습니다. 이제 데살로니가 교인들은 사도 바울에게 매우 중요한 교회가 되었기 때문입니다. 그리고 사도 바울은 이들에게 사랑이 풍성하게 해 달라고 기도를 했습니다.

　아무래도 믿음의 싸움을 많이 하는 사람은 강하기는 하지만 사랑이 약할 수 있습니다. 데살로니가 교인들에게는 풍성한 사랑이 있으면 가장 균형이 잡힌 신앙이 될 것입니다. 마지막으로 그들의 마음이 약하여지지 않고 예수님이 오실 때 흠이 없게 해 달라고 기도를 했습니다. 이것은 가장 중요한 기도입니다. 우리의 마음이 약해져서 무너지거나 그리스도가 오실 때 흠이 많으면 그 신앙은 실패를 한 신앙입니다. 따라서 우리는 끝까지 믿음을 지키며 하나님 앞에 점도 티도 없는 거룩한 하나님의 사람이 되어야 할 것입니다.

04
영적 교훈
살전 4:1-18

　저는 그림을 그리는데 소질이 너무나도 없었습니다. 그런데 교회 청년 중에서 미술을 아주 잘 그리는 청년이 있었습니다. 한번은 그 청년에게 청소년들에게 그림 그리는 것을 좀 가르치라고 했더니 아이들에게 그림을 그리는 요령을 설명해 주었습니다. 우선 그 청년은 그림을 그릴 때 밑그림의 중요성을 설명했습니다. 그리고 색을 칠할 때 옅은 색부터 먼저 칠을 하라고 했습니다. 저는 그 설명을 들으면서 왜 내가 그동안 그림을 잘 그리지 못했는지 이해가 되었습니다. 그는 밑그림도 없으면서 그림을 그리려고 하니까 잘 될 수가 없었고 짙은 색으로 칠하니까 색칠이 잘 될 수가 없었습니다.

마찬가지로 아이들이 인격적으로 자라는데 있어서 밑그림이라는 것은 아주 중요합니다. 아이들은 자라면서 이미 그려진 밑그림 위에 나중에 색칠을 하게 되는 것입니다. 그런데 이 아이들의 인격에 처음 밑그림을 그리는 것이 바로 부모의 가정교육인 것입니다. 만일 집안에서 부모의 가정교육 자체가 잘 되어 있지 못하다면 그 위에 아무리 좋은 대학을 나오고 외국 유학을 갔다 오는 등 좋은 색칠을 한다고 해도 결코 좋은 그림이 만들어질 수가 없는 것입니다. 집안에서 부모의 가정교육은 두 가지로 이루어지게 됩니다. 하나는 부모의 분명한 가치관입니다. 예를 들어 부모가 거짓말을 절대로 하지 않는다거나 남에게 물질적인 피해를 주지 않는다 등의 분명한 가치관을 가지고 있을 때 자녀들은 그것을 본받게 됩니다. 그리고 또 하나는 부모의 행동을 통해서 자식이 본을 보게 되는 것입니다. 예를 들어 아버지가 술을 마시고 엄마를 때린다거나 혹은 바람을 피워서 엉뚱한 짓을 할 때 이것은 분명히 잘못된 것이지만 자식은 또 그것도 따라하게 되어 있는 것입니다. 이런 모든 것들은 부모가 아이들의 인생 밑그림을 잘못 그려서 아이들의 인생 그림 전체를 망치게 하는 것입니다.

　이것은 신앙 안에서도 마찬가지입니다. 우리가 예수 믿는 것도 중요하지만 누구를 통해서 어떤 가르침을 받느냐 하는 것은 매우 중요합니다. 특히 이것은 아름다운 신앙의 그림을 완성시켜 나가는데 아주 중요한 것입니다.

　사도 바울은 데살로니가 교인들에게 아주 중요한 신앙의 밑그림을 그려주었습니다. 그리고 그 그림이 좀 희미해 질까봐 다시 한 번 강조를 해서 가르쳐주고 있습니다. 이것이 사도 바울이 데살로니가 교인들에게 그려준 아름다운 신앙의 밑그림인 것입니다.

깨끗한 신앙생활

우리는 세상을 살아가면서 다른 사람들의 눈을 의식할 때가 많이 있습니다. '내가 이렇게 말을 하거나 행동하는 것에 관해 다른 사람들은 도대체 나를 어떻게 생각할 것인가?' 라는 생각을 많이 하게 됩니다. 물론 이렇게 생각하는 것은 우리에게 좋은 영향을 줄 수도 있고 좋지 않은 영향을 줄 수도 있습니다. 즉 남들의 눈을 의식하기 때문에 도덕적이지 않거나 나쁜 행동은 하지 않을 수 있습니다. 그러나 자칫 잘못하면 남들이 보지 않는 곳에서는 유혹이나 죄에 빠지는 위선적인 행동을 할 수도 있는 것입니다.

그래서 어떤 책을 보면 제목이 '아무도 보는 이 없을 때 당신은 누구입니까?' 라는 책도 있습니다. 곧 남들이 볼 때의 행동과 아무도 보는 사람이 없을 때의 행동이 다를 수 있는 것입니다. 그래서 자칫 잘못하면 아무도 나를 모를 것 같은 낯선 곳을 가거나 외국 같은 데 가면 마음에 유혹이 들어올 수가 있는 것입니다. 그래서 사도 바울은 이렇게 가르쳐주고 있습니다.

"종말로 형제들아 우리가 주 예수 안에서 너희에게 구하고 권면하노니 너희가 마땅히 어떻게 행하며 하나님께 기쁘시게 할 것을 우리에게 받았으니 곧 너희 행하는 바라 더욱 많이 힘쓰라"(1절).

사도 바울은 두 가지를 가르쳤습니다. 하나는 과연 어떻게 하는 것이 내가 행할 마땅한 것인가 하는 것입니다. 그리고 또 하나는 어떻게 하면 하나님을 기쁘시게 할 수 있을까 하는 것을 생각하라는 것입니다. 하나는 소극적인 것이고 다른 하나는 적극적인 것입니다. 하나님을 믿는 자로서 우리 크리스천 행동의 마지노선이 어디까지인지 생각해 보라는 것입니다. 예를 들어 과연 내가 목사로서 이렇게 행동하는 것이 타당한 것일까? 내가 장로나 집사로서 이렇게 행동하는 것이 옳은 것일까? 하는 것을 숙고해 보자는 것입니다.

요셉은 애굽에서 여주인의 유혹을 받았을 때 아무도 보는 사람이 없었지만 '어떻게 내가 하나님 앞에서 이 큰 죄를 짓을 수 있겠느냐?'고 하면서 그 여자를 뿌리쳐버렸습니다. 하나님의 백성들이 유혹에 넘어가거나 죄에 빠지는 것은 자기 자신에 대한 바른 위상을 놓쳐버렸을 때입니다. 자기 비하나 비참한 자존감에 빠졌을 때 사탄은 우리를 넘어지게 하려고 합니다. 그래서 우리는 절대로 하나님 앞에서 자신의 아름다운 모습을 놓쳐서는 안 됩니다. 만일 우리가 이것을 놓친다면 우리는 모든 복을 다 포기하고 빼앗기게 되는 것입니다. 삼손이 무엇 때문에 드릴라라는 여자의 유혹에 넘어갔겠습니까? 자기가 하나님 앞에서 얼마나 특별한 자인지 생각을 하지 않았기 때문입니다. 다윗이 무엇 때문에 밧세바라는 여자의 유혹에 넘어가게 되었을까요? 자기가 하나님 앞에서 얼마나 존귀한 자인지 생각하지 못했기 때문입니다. 그러기에 하나님의 백성들은 너무 일로 인해 분주한 것도 좋지 않습니다. 우리는 자꾸 하나님 앞에서 말씀을 깊이 묵상하면서 내 자신이 하나님 앞에서 얼마나 아름다운 자인지 얼마나 존귀한 자인지 자꾸 확인을 해야 합니다.

사도 바울은 여기서 한 걸음 더 나아가서 죄를 짓지 않는 것으로 충분치 않고 더 적극적으로 어떻게 하면 하나님을 기쁘시게 할 것인지 생각하라고 말씀을 했습니다. 우리가 어떤 일을 하려고 할 때 죄는 아니지만 그 일을 하는 동기는 여러 가지일 수도 있습니다. 나를 나타내고 싶은 동기도 있을 수 있고 다른 사람을 만족시키려고 하는 동기도 있을 수 있습니다. 그러나 가장 최선의 선택은 어떻게 하면 하나님을 기쁘시게 할 수 있을까 하는 생각을 하라는 것입니다.

우리 마음속에 성령이 오시면 우리는 생각하는 것이 변하게 됩니다. 그 전에는 모든 것을 자기중심적으로 생각하고 나의 유익이 되는 기준으로 생각을 했는데 성령이 오시면 하나님과의 관계에서 생각하기 시작합니다. 즉 '이 일은 내 신앙에 얼마나 유익이 될까? 또 내가 이렇게 하는 것을 하나님은 어떻게 생각하실까?' 하는 것을 생각하기 시작합니다. 그리고 이런 쪽으로 자꾸 자기 자신을 발전시켜 나가라는 것입니다. 그러면 자기중심으로 생각하는 것을 멀리하게 됩니다. 그 결과 우리의 믿음은 독수리처럼 위를 향하여 올라가게 됩니다.

특히 사도 바울은 우리 예수 믿는 사람들에게 하나님이 주신 가장 중요한 명령이 무엇인지 분명히 가르쳐주고 있습니다.

> "우리가 주 예수로 말미암아 너희에게 무슨 명령으로 준 것을 너희가 아느니라. 하나님의 뜻은 이것이니 너희의 거룩함이라. 곧 음란을 버리고 각각 거룩함과 존귀함으로 자기의 아내 취할 줄을 알고 하나님을 모르는 이방인과 같이 색욕을 좇지 말고"
> (2-5절).

하나님께서 우리의 신앙에 있어서 가장 중요한 것은 우리의 행복이나 성공이 아니라 거룩이라고 말씀하고 있습니다.

이미 로마 시대에 사람들의 최고의 행복은 쾌락에 있다고 주장하는 에피쿠로스학파 사람들이 있었습니다. 이 사람들은 요즘으로 치면 '웰빙족'들이었던 것 같습니다. 그들은 로마 근교에 아주 훌륭한 별장을 지어놓고 한 끼에만 수천만 원씩 하는 식사를 하면서 인생을 즐겼던 것입니다. 그러나 하나님께서 하나님의 백성들에게 가장 중요하게 생각하는 것은 성적인 순결인 것입니다.

이것은 하나님의 명령이고 우리를 향한 하나님의 뜻입니다.

그래서 우리는 하나님의 뜻을 생각할 때 어느 쪽을 선택해야 내가 성공할 수 있고 행복할 수 있느냐를 먼저 생각하면 안 됩니다. 우리는 항상 어느 쪽이 내가 거룩하게 되는 길이냐를 생각해야 합니다. 곧 음란을 버리라고 했습니다. 여기 이 음란은 모든 형태의 음란을 다 포함하는 것입니다. 이것은 곧 거룩함과 존귀함으로 아내를 취해서 결혼 생활을 하는 것을 말합니다.

이 당시 이방인들의 생활이 어떠했는지 사도 바울은 분명히 밝혀주고 있습니다. 그들은 '색욕'을 따라서 살았습니다. 이것은 육체의 쾌락이 삶의 중요한 목적이 되고 있다는 것입니다. 이것은 그리스도인들이라면 마땅히 부정해야 하고 멀리 해야 하는 죄악된 행동들인 것입니다.

"하나님이 우리를 부르심은 부정케 하심이 아니요 거룩케 하심이니 그러므로 저버리는 자는 사람을 저버림이 아니요 너희에게 그의 성령을 주신 하나님을 저버림이니라"(7-8절).

사람들이 많이 속는 것은 자신의 감정은 순수하고 정직하다고 믿는 것입니다. 그래서 다른 사람에 대하여 느끼는 사랑의 감정도 순수하고 정직할 것이라고 믿습니다. 그러나 우리 인간이 타락할 때 가장 많이 타락한 것은 생각과 감정입니다. 그러기에 우리는 자신의 감정을 십자가에 의식적으로 못을 박아야 합니다. 우리의 감정은 물과 같아서 물고에 따라 흐르게 되어 있습니다. 그래서 언제나 정상적인 사랑을 해야 하고 비정상적인 방향으로 사랑의 감정이 흐르지 않도록 물고를 트지 말아야 합니다.

하나님께서 우리를 부르신 것은 거룩한 생활을 하게 하기 위해서입니다. 여기서 가장 타락하기 쉬운 것은 남녀 관계입니다. 그 다음에는 돈이고 그 다음에는 명예심입니다. 그래서 할 수 있는 한 이런 것을 피하는 길을 택해야 합니다. 특히 자기 아내를 저버리는 자는 자신에게 성령을 주신 하나님을 저버리는 것이라고 했습니다.

우리는 비정상적인 사랑의 결과가 얼마나 비참하고 끔찍한지 잘 알아야 합니다. 절대로 이것은 아름다운 것이 아닙니다. 이 세상에서 가장 추악하고 더러운 것이며 결국은 가장 비참해지는 것이 비정상적인 사랑인 것입니다.

그래서 무조건 결혼한 사람은 자기 정욕을 언제나 십자가에 못 박고 죽을 때까지 결혼한 한 사람만 사랑하도록 의식적으로 노력을 해야 합니다.

다른 사람들과의 관계

우리가 신앙생활을 하는 데 있어 일단 결혼 생활에 깨끗하면 가장 중요한 것은 성공한 셈입니다. 그러나 우리는 여기서 한 걸음 더 나아가서 다른 크리스천과의 관계도 좋은 관계에서 함께 성장할 필요가 있습니다.

여기서 중요한 것은 자기의 분수를 넘어서지 않는 것입니다.

"이 일에 분수를 넘어서 형제를 해하지 말라. 이는 우리가 너희에게 미리 말하고 증거한 것과 같이 이 모든 일에 주께서 신원하여 주심이니라"(6절).
"형제 사랑에 관하여는 너희에게 쓸 것이 없음은 너희가 친히 하나님의 가르치심을 받아 서로 사랑함이라"(9절).

사도 바울은 데살로니가 교인들에게 형제를 사랑하는 법을 가르쳐 주고 있습니다. 그것은 '하나님의 가르침을 받아 서로 사랑하라' 고 했습니다. 그리고 '분수를 넘어서 형제를 해하지 말라' 고 했습니다.

여기서 우리는 두 가지 중요한 교훈을 받게 됩니다. 하나는 우리가 하나님의 가르침을 받는 것보다 다른 성도들을 사랑하는 것에 더 우선해서는 안 된다는 것입니다. 왜냐하면 우리가 하나님의 가르침을 제쳐놓고 형제를 사랑하게 되면 반드시 인간적인 사랑에 빠지게 되고 인간적인 사랑은 좋지 못한 부작용을 낳게 되기 때문입니다.

우리는 다른 사람을 위해서 너무 잘해주는 것을 사랑으로 생각하기 쉬운데 너무 잘해주는 것은 오히려 스스로 하나님 앞에서 홀로 설 수 있는 기회를 가로막을 때가 많습니다. 우리가 가장 잘 하는 것은 각자가 하나님과 바른 관계에 있게 하는 것이고 그렇게 하기 위해서 우리는 뒤로 빠져야 할 때가 많습니다.

세례 요한은 사람들에게 '자기는 혼인집에서 신랑의 친구' 라고 말한 적이 있습니다. 혼인집에서 중요한 것은 신랑과 신부가 만나는 것이지 신랑의 친구가 신부를 좋아하는 것이 아닌 것입니다. 그래서 우리가 주님 안에서 서로 사랑하는 것은 아주 중요합니다. 여기서 주안에서 사랑한다고 하는 것은 너무 지나치지 않는 것을 말합니다. 무엇보다 우리는 세상적으로 '적당하다' 는 말이 좀 무성의한 말로 사용될 때가 많지만 신앙적으로는 '적당하게 하는 것' 이 지나치지 않는 것을 의미하는 것이고 아주 좋은 것입니다.

특히 형제를 사랑할 때 '분수를 넘어서지 말라' 고 했습니다. 여기서 '분수' 라고 하는 것은 그 사람의 행복을 말하는 것입니다. 우리는 때때로 의욕이 너무 지나쳐서 다른 사람을 나의 사람으로 만들어야 사랑하는 것으로 생각하기 쉽습니다. 그러나 그것은 세상적인 욕심입니다. 우리는 다른 사람을 그 사람 나름대로 행복할 자격이 있는 사람으로 인정해주고 내버려두는 것이 진정 형제를 사랑하는 출발점이라는 것을 알아야 합니다.

우리는 산에서 예쁜 새를 보면 반드시 잡아서 내 새로 만들어 내 집에 가두어 두어야 행복할 것으로 생각하지만 그 새는 결코 행복하지 않을 것입니다. 우리는 그 새를 놓아주어야 하고 자기 마음대로 날아갈 수 있게 해 주어야 합니다. 마찬가지로 기독교 사랑의 출발점은 다른 사람을 그 사람으로 인정해주는 것입니다.

청소년들이 자라면서 부모의 간섭에 반항하면서 뭐라고 합니까? '제발 나를 간섭하지 말고 내버려두어 달라'고 합니다. 이것은 자기를 독립된 인격체로 인정을 해 달라는 뜻입니다.

우리는 하나님의 가르침을 받는 범위 안에서 다른 사람들과 교제하는 것이 중요합니다. 그리고 다른 사람을 나름대로 행복할 수 있도록 내버려두는 것이 사랑의 출발점이라는 사실을 인식해야 합니다.

그리고 우리 그리스도인들은 경제적인 면에서 있어서 남에게 손을 벌리거나 오해를 받지 않도록 열심히 일을 해야 합니다.

"또 너희에게 명한것 같이 종용하여 자기 일을 하고 너희 손으로 일하기를 힘쓰라. 이는 외인을 대하여 단정히 행하고 또한 아무 궁핍함이 없게 하려 함이라"(11-12절).

어떤 사람은 신앙이 좋다고 하면서 다른 사람에게 경제적으로 피해를 주는 사람들이 있습니다. 그렇게 하면 아무리 좋은 관계라 하더라도 오래 갈 수가 없습니다. 물론 초대 교회 때 부흥이 일어났을 때 성도들이 자발적으로 자기 재물이나 집을 내어놓아서 서로 도왔던 것이 있습니다. 그렇다고 해서 기독교인들은 내 것이나 네 것 없이 남의 물건을 함부로 써도 된다는 뜻은 아닙니다. 우리 예수 믿는 사람들이 일할 수 있음에도 불구하고 허황된 생각에 빠져서 일을 하지 않고 궁핍한 것은 결코 보기에 아름다운 것이 아닙니다.

너무 이상주의적인 사람들은 노동을 천시해서 일을 하지 않고 은혜만 받으려고 하는 사람들이 있습니다. 그러나 노동은 신성한 것이고 반드시 땀을 흘릴 때 사는 보람을 느끼게 됩니다. 특히 이렇게 할 때 외인들에 대해서도 '단정할 수 있다'고 했습니다. 여기서 '단정한 것'은 예수 믿지 않는 사람들 앞에서도 떳떳할 수 있는 것을 의미합니다.

특히 예수 믿는 사람들이 마땅히 자기가 해야 할 일도 하지 않으면서 광신적으로 믿으려고 할 때 전도의 문을 막게 됩니다. 그리스도인들은 결코 다른 사람들에게 광신주의자로 보여서는 안 됩니다. 아주 단정하고 궁핍함 없이 정상적이면서도 매력적으로 보일 때 불신자들은 하나님도 그런 분으로 생각하게 되는 것입니다.

죽은 자들에 대한 자세

사람들이 가지고 있는 가치관이 가장 적나라하게 드러나는 곳이 바로 장례식입니다. 장례식을 해 보면 어떤 사람은 죽은 자들에게 죽어도 절을 하겠다고 하는가 하면 어떤 사람들은 곡을 하는 사람들도 있습니다. 또 목탁을 두드리는 곳도 있는가 하면 찬송을 부르는 사람들도 있습니다.

모든 사회나 문화마다 죽은 자에 대한 생각이 다 다릅니다. 사실 가장 사랑하는 가족이 죽었을 때 이 영원한 이별이 너무나도 슬픈 것은 사실입니다.

그런데 사람이 죽으면 어떻게 되는지 아무도 모르는 것입니다. 그래서 사람들은 지금까지 해 오던 풍습대로 하는 수밖에 없었습니다. 어떤 사람은 죽은 사람은 귀신이 되어서 돌아다닌다고 하고 어떤 사람들은 죽으면 먼데로 간다고 생각을 합니다. 하지만 죽은 사람의 운명에 대하여 가장 정확하게 말씀하고 있는 곳은 성경뿐입니다.

> "형제들아 자는 자들에 관하여는 너희가 알지 못함을 우리가 원치 아니하노니 이는 소망 없는 다른 이와 같이 슬퍼하지 않게 하려 함이라"(13절).

여기서 성경은 두 가지 놀라운 사실을 말씀하고 있습니다. 예수를 믿고 죽은 자들은 '자는 자'라고 말씀하고 있는 것입니다. 즉 '자는 자'라고 하는 것은 얼마든지 깨어날 수 있다는 뜻입니다. 예수를 믿다가 죽은 사람은 다시 깨어날 때가 있습니다. 이것은 우리처럼 다시 육체를 가지고 살아가는 것을 말합니다. 그러나 여기에 보면 '소망 없는 다른 이'에 대해서도 말씀하고 있습니다. 이것은 예수를 믿지 않고 죽은 사람은 소망이 없다는 뜻입니다. 예수를 믿고 죽은 자는 자는 것이지만 예수를 믿지 않고 죽은 사람은 그야말로 죽은 것입니다. 그는 다시 깨어나지 못할 것입니다. 그래서 예수 믿지 않고 죽은 자는 소망이 없기 때문에 믿지 않는 사람들이 얼마든지 슬퍼할 수 있지만 예수 믿다가 죽은 사람은 물론 이별 자체는 슬프지만 너무 슬퍼할 일은 아닌 것입니다.

그 이유는 예수 안에서 죽은 자들이 살아있는 자들보다 훨씬 더 복된 상태에 있기 때문입니다. 죽은 자들은 잔다고 해서 계속 무의식의 상태에 있는 것이 아닙니다. 이 육체를 벗고 지금 우리가 상상할 수도 없는 영광 가운데서 주님을 만나고 성도들과 함께 축복의 생활을 하고 있는 것입니다. 그런데 '잔다' 고 하는 이유는 육체가 없기 때문입니다. 그러나 육체는 없지만 훨씬 더 자유로운 상태에서 천국 생활을 합니다.

그래서 우리 예수 믿는 사람들은 죽는 것이 결코 비참한 것이 아닙니다. 죽는 순간 천사들의 손에 이끌려서 영광의 나라로 바로 옮겨지게 되는 것입니다. 그러나 우리가 이 세상에 살아 있는 동안 유익은 아직 주님의 일을 할 수 있고 살아있는 성도와 교제할 수 있는 점입니다.

그래서 이 사실을 아는 옛날 성도들은 죽기 전에 마치 어린아이들이 소풍을 가기 전처럼 흥분해 할 때도 있었습니다. 그러나 이 세상에 살아있는 동안 아직 영적인 전투를 할 수가 있습니다. 죽으면 이 영적인 전투는 쉬게 되는 것입니다. 마치 비유를 들면 군인들이 전투를 하러 갈 때에는 군화 끈을 잡아매지만 전투를 끝내고 돌아오면 군화 끈을 풀고 편히 쉬게 되는 것과 같습니다. 우리는 아직까지 싸우는 것이 좋고 필요하기도 합니다. 그러나 많은 그리스도인들이 죽음을 두려워하는 것은 아직 죽음의 결과를 잘 몰라서 그렇게 합니다.

그리스도인들에게 죽음은 상태의 이동에 불과합니다. 즉 전에는 육신의 상태에서 주님을 섬겼는데 이제는 이 육신을 벗고 더 가까이에서 주님을 섬기는 것입니다.

그러나 사도 바울은 우리가 늘 그런 상태에 있는 것은 아니라고 말씀하고 있습니다. 지금은 성도들이 육신의 상태와 영광의 상태로 나뉘어져 있지만 하나가 될 때가 있다는 것입니다. 그때가 바로 부활의 때인 것입니다. 이때는 모든 믿지 않던 자들은 심판을 받을 때입니다.

이 순간이 되면 먼저 그리스도께서 이 세상에 다시 재림을 하시게 되는데 천사장의 호령과 나팔 소리와 함께 공중에서 재림을 하시게 됩니다. 이때 천사가 무엇이라고 호령을 하겠습니까? '모든 사람들아, 모두 나와서 어린양의 심판을 받으라' 고 소리를 칠 것입니다. 이때 죽은 성도들이 예수님과 함께 이 세상에 오게 됩니다. 그때 죽은 성도들은 모두 몸을 입고 부활을 하게 됩니다.

"주께서 호령과 천사장의 소리와 하나님의 나팔로 친히 하늘로 좇아 강림하시리니 그리스도 안에서 죽은 자들이 먼저 일어나고 그 후에 우리 살아남은 자도 저희와 함께 구름 속으로 끌어 올려 공중에서 주를 영접하게 하시리니 그리하여 우리가 항상 주와 함께 있으리라"(16-17절).

여기서 죽은 자들이 일어날 때 반드시 자기가 죽었던 무덤에서 살아나는 것을 말하지 않습니다. 우리는 완전히 새로운 육체를 입게 되는 것입니다. 이 육체는 영원히 죽지도 않고 병들지도 않고 영광스러운 육체가 됩니다. 그때 살아남은 자도 거의 동시에 변화되어 공중에 올라가서 주님을 영접하게 됩니다. 어떤 사람들은 '휴거'라는 말을 하면서 이때 올라가지 못하면 칠년 대 환란을 겪은 후에 순교한 자들만 2차로 휴거한다고 했는데 2차 휴거는 없습니다. 단번에 모든 것이 다 끝나버리는 것입니다.

그래서 우리는 이 세상에서 주님과 함께 언제나 동행하는 것이 너무나도 중요합니다. 이 세상에서 주님과 함께 동행했기 때문에 영원히 주님과 함께 있게 되는 것입니다.

우리가 죽음을 이해하고 죽음을 두려워하지 않을 때 우리의 삶이 참으로 영광스럽고 자신이 있을 수 있습니다. 결국 기독교 신앙은 죽음까지 이겨야 하는 것입니다. 우리가 죽음에 대한 바른 믿음을 가지고 있을 때 미신이나 먹고 사는 문제나 사랑하는 자녀나 부모의 죽음에 너무 절망하지 않고 오히려 소망을 가지게 됩니다. 먼저 죽은 자녀나 부모는 비참하게 죽은 것이 아니고 하나님께 맡겨 드린 것이기에 우리는 다시 만나게 될 것입니다.

이런 바른 교훈이 우리의 신앙을 균형 있게 하고 다른 사람들이 보기에도 참으로 아름답고 매력적으로 보이게 합니다. 여러분 모두 부활의 신앙을 갖고 주님만 섬기며 거룩하게 사는 복된 생애가 되시길 바랍니다.

05
영적 실천
살전 5:1-28

    대개 고등학생들이 대학에 들어가면 실망을 할 때가 많습니다. 왜냐하면 고등학교 때에는 선생님이나 부모가 꽉 잡아서 생활을 만들어주는데 비하여 대학은 아무도 잡아주는 사람이 없기 때문입니다. 대학은 자기 자신이 대학 생활을 창조를 해나가야 합니다. 그래서 저는 대학 생활에서 중요한 것은 반드시 강의실만이 아니라고 생각합니다. 대학에서는 강의실 못지않게 중요한 것이 잔디밭입니다. 학생들은 잔디밭에 앉아서 토론을 하기도 하고 책을 읽기도 하고 기타를 치면서 노래를 부르기도 하고 때로는 여학생을 데리고 와서 데이트를 하면서 좀 더 성숙한 인간으로 만들어져 가기 때문입니다.

저는 대학 1학년 때에는 먼 거리를 통학을 하느라고 대학 생활이 별로 재미가 없었습니다. 그런데 2학년 때 기숙사에 들어가게 되었습니다. 기숙사는 학교 옆에 있었기 때문에 시간이 남으니까 캠퍼스에서 생각도 많이 하고 친구들도 사귀고 책도 읽으면서 대학 생활을 만끽할 수가 있었습니다.

옛날에는 대개 사람들의 생활의 중심이 가정이었습니다. 그래서 아침저녁은 부모님과 함께 식사를 하면서 예의를 배우고 저녁에는 또 아버지로부터 긴 정신 훈화를 들어야만 했습니다. 저희들은 특히 아버지가 술을 드시고 오셔서 하시는 두 시간짜리 정신훈화 시간은 거의 미칠 것 같은 고문의 시간이었습니다. 요즘은 보통 사람들의 생활 중심이 학교나 직장이기에 개개인 중심으로 나누어져 버렸습니다. 그런 까닭에 집은 그냥 들어와서 잠만 자고 가는 하숙집 비슷하게 되어버렸습니다. 그리고 집에 들어와도 늘 텔레비전이 켜져 있기 때문에 가족들끼리 대화를 나눌 수 있는 시간이 없어져버리게 되었습니다.

그런데 초대 교인들에게 있어서 생활의 중심은 교회였습니다. 특히 그들은 어려운 시련을 당하거나 힘든 일을 겪게 되었을 때 자연스럽게 교회에 모여서 함께 기도하고 성도들의 교제를 나누는 가운데 하나님이 주시는 말할 수 없는 은혜들을 체험할 수 있게 되었습니다.

초대 교회 당시에 예수 믿는 사람들과 믿지 않는 사람들의 생활은 너무나도 달랐습니다. 믿지 않는 사람들의 생활의 중심은 거의 술집이었습니다. 아마 지금도 믿지 않는 사람들은 많은 교제의 시간을 술집에서 보낼 것입니다.

특히 그 당시 불신자 중 돈이 있는 사람들은 마차 경기나 혹은 검투사들의 경기를 보면서 시간을 보내었습니다. 그러나 이것은 어른들이나 남자들이나 술 마시는 사람들에게만 해당되는 것이지 어린아이들이나 여자들에게는 해당이 되지 않는 것이었습니다. 그 결과 실제로 가족들을 제각기 자기 욕구에 따라서 떼어놓게 되었습니다. 그러나 믿는 사람들은 수시로 자주 모여서 말씀을 듣고 기도하는 가운데 예배나 기도가 자연스럽게 생활의 중심이 되었습니다. 이것이 초대 교인들에게는 세상을 이기는 아주 큰 힘이었습니다. 기독교인들은 한번 모여서 예배드리고 갈 때마다 마음이 순결해지고 말할 수 없는 은혜와 기쁨을 가지고 갈 수 있었습니다. 저는 오늘 우리 시대에도 우리 생활의 중심은 예배가 되고 함께 모여서 기도하는 일이 되어야 한다고 생각합니다. 그래야지만 오늘 사도 바울이 말씀하는 것을 이해하고 실천할 수 있게 되는 것입니다.

영적인 긴장

그리스도인들이 언제나 부패하지 않고 거룩한 생활을 지속하려면 항상 신앙적으로 긴장을 유지하고 있어야 합니다. 그렇지 않으면 죄의 유혹에 넘어가기 쉽고 타락한 생활을 하기 쉽습니다. 그렇지만 우리 그리스도인들이 이 세상의 유혹에 넘어가지 않고 항상 영적으로 깨어있도록 하는 것이 있습니다. 그것은 바로 주님의 재림입니다. 주님이 언제 오실지 모르기 때문에 우리는 영적으로 긴장하지 않을 수 없습니다.

> "형제들아 때와 시기에 관하여는 너희에게 쓸 것이 없음은 주의 날이 밤에 도적 같이 이를 줄을 너희 자신이 자세히 앎이라. 저희가 평안하다, 안전하다 할 그 때에 잉태된 여자에게 해산 고통이 이름과 같이 멸망이 홀연히 저희에게 이르리니 결단코 피하지 못하리라"(1-3절).

주님께서는 하늘로 올리워 가시면서 올라가신 그대로 다시 오시겠다고 약속하셨습니다. 그런데 다시 오시기는 다시 오시는데 언제 오시겠다는 말씀은 하시지 않으셨습니다. 그러니까 기다리는 사람들의 입장에서는 주님이 오실 때까지 긴장하면서 무작정 기다릴 수밖에 없는 것입니다. 사람은 매우 간사하기 때문에 예수님께서 언제 오신다고 말씀을 하시면 그 전까지는 오히려 더 실컷 먹고 마시고 놀면서 방탕하게 생활을 할 것입니다. 그러다가 예수님이 오신다는 그 시간에 맞추어서 정신을 차리고 준비를 하려고 할 것입니다. 그러나 하나님께서는 언제나 예수님이 오실 것을 기대하고 긴장하고 있기를 원하십니다. 왜냐하면 그렇게 해야 우리의 생각이 느슨하여지지 아니하고 순결한 모습을 계속 유지할 수 있기 때문입니다.

여기서 사도 바울은 긴장해야 할 사람 두 예를 들면서 영적 긴장감을 잃지 않도록 교훈하고 있습니다. 하나는 도둑을 대비하는 집주인의 예입니다. 도둑은 집주인에게 절대로 자기가 언제 가서 도둑질을 하겠다는 것을 알려주지 않습니다. 도둑은 집 주위를 빙빙 돌고 있다가 주인이 집을 비워놓았거나 혹은 정신없이 자고 있는 시간을 노리고 있다가 집에 들어가서 도둑질을 하는 것입니다.

그래서 집주인이 도둑을 당하지 않으려면 언제나 문단속을 잘 해야 하고 집을 비워놓지 말고 언제나 지켜야 할 것입니다. 일단 방심했다가 도둑질을 당하고 나면 얼마나 아쉬운지 모릅니다. 그리고 한번 도둑 당한 후부터는 괜히 다른 사람들을 도둑으로 의심을 하게 됩니다.

그리고 또 하나는 해산때를 기다리는 임신부의 예입니다. 이제 임신부는 얼마 있지 않으면 해산해야 합니다. 그러나 어느 때부터 진통이 올지는 아무도 모르는 것입니다. 그래서 임신부는 아기를 낳을 때가 다 되어 가면 언제든지 아기를 낳을 준비를 하고 있어야 합니다. 임신부가 그런 준비도 하지 않고 장거리 여행을 한다거나 어떤 중대한 다른 계획을 세우게 되면 낭패를 당하는 경우가 있게 됩니다.

저희 교회 한 부인은 의대생이었는데 의사 고시와 해산때가 겹치게 되었습니다. 그래서 기도를 해 달라고 부탁을 해서 기도를 해 주었습니다. 그 결과 의사 고시도 합격하고 아기도 잘 해산해서 교회에 안고 오셨습니다. 그때 그 감격은 너무나 컸습니다.

우리가 '평안하다 안전하다'고 생각할 때에 주님이 도적같이 올 것이라고 했습니다. 어떤 분은 이것이 불만인 사람이 있습니다. 주님이 오시려면 당당하게 미리 예고를 하고 오셔야지 왜 도둑같이 몰래 사람들을 놀라게 하면서 오셔야 하나 하는 것입니다. 그러나 분명 여기에는 우리를 영적으로 깨어 거룩한 삶을 유지하도록 하는 하나님의 선한 뜻이 있는 것입니다.

전에 어떤 분은 예수를 믿으면서 술 문제가 해결이 되지 않았다고 합니다. 그래서 다른 교인들 몰래 몰래 술을 마시고 있었습니다. 그런데 어느 날 재림에 대한 말씀을 듣게 되었습니다. 그때 그는 주님이 도둑같이 몰래 오시는데 자기가 술을 마시고 있다가 술병을 들고 예수님을 맞이하러 가야 한다고 생각하니 참으로 한심했습니다. 그래서 그는 그 때부터 술을 완전히 끊게 되었다고 고백했습니다.

죄를 짓는 것은 전부 지저분한 것이고 우리가 긴장을 풀어야만 할 수 있는 것입니다. 하지만 사탄은 우리에게 주님이 언제 오실지도 모르는데 왜 이렇게 바보같이 긴장을 하고 있느냐고 하면서 긴장을 풀고 죄도 좀 지어라고 권면을 합니다. 그러나 우리가 긴장을 푸는 순간 사탄은 우리를 죄의 습관으로 묶어 버립니다. 죄라고 하는 것이 무서운 것은 조금씩, 조금씩 우리의 정신을 타락시켜서 결국 우리가 죄짓는 것조차도 모르게 만듭니다. 그 결과 어느 순간에 보면 완전히 죄에 포로가 되어서 주님을 맞이하러 갈 수도 없게 되어버립니다.

영적인 빛과 어두움

우리에게는 밤과 낮이 있습니다. 대부분의 사람들은 벌건 대낮에는 죄를 잘 짓지 못합니다. 왜냐하면 낮에는 세상이 환하기 때문에 아무래도 주위에 보는 사람들이 많기 때문입니다. 하나님께서 사람들을 만드시면서 얼굴을 제각기 다 다르게 만드신 것은 정말 기가 막힌 착상이십니다. 사람들은 얼굴 팔리는 것 때문에 죄를 짓지 못할 때가 많기 때문입니다. 그러나 캄캄한 밤이 되면 사람들은 자기 얼굴이 가리워지기 때문에 죄를 짓는데 대담해지게 됩니다. 그러나 예수 믿는 사람들에게는 영적인 빛이 있기에 죄를 지을 수 없습니다.

"형제들아 너희는 어두움에 있지 아니하매 그 날이 도적 같이 너희에게 임하지 못하리니 너희는 다 빛의 아들이요 낮의 아들이라 우리가 밤이나 어두움에 속하지 아니하나니"(4-5절).

사탄이 사람들에게 죄를 짓게 할 때 죄짓는 것이 별 것이 아니거나 혹은 굉장히 아름다운 것으로 미화를 할 때가 많습니다. 예를 들어 어떤 사람이 남의 돈을 훔치거나 혹은 불륜의 사랑에 빠지면 그 죄가 당연한 것이고 그런 감정이 아름다운 것인 것처럼 속게 만듭니다. 그러나 일단 그런 죄에 한번 빠지고 난 후에는 죄에 코가 꿰어서 꼼짝 못하고 파멸에 빠질 때까지 끌려가고 맙니다. 하지만 우리 예수 믿는 사람들에게는 언제나 말씀의 등불이 있기 때문에 죄를 보면 이것이 죄구나 하는 것을 분명히 깨닫게 됩니다. 그리고 이 죄의 결과가 얼마나 비참하고 지저분한 결과로 나타나게 될 것인지 분명히 알게 됩니다. 그러기에 우리는 결코 죄를 즐기면서 살 수 없습니다.

우리 사회에는 약 한 시간에 한 명 꼴로 자살을 하는 사람들이 있습니다. 이 사람들이 왜 그 힘든 자살을 할까요? 그것은 마음속에 아무 희망이 없기 때문입니다. 사업에 실패했다고 죽고 성적이 떨어졌다고 죽고 애인이 변심했다고 죽는 것입니다. 하지만 우리가 이 세상에 살아간다는 자체가 엄청난 비전이고 희망입니다. 지금 당장 눈앞에 어려운 것은 앞으로 얼마든지 극복할 수 있고 더 아름다운 축복으로 만들 수가 있습니다. 그러나 그렇게 하지 못하는 것은 마음속에 절망을 이길 수 있는 하나님의 말씀의 빛이 없기 때문입니다.

성경은 우리가 빛의 아들이라고 말씀합니다. 그래서 우리는 다른 사람들에게도 빛을 줄 수 있습니다. 우리가 다른 사람에게 관심을 가져주고 희망을 줄 때 다른 사람들의 마음속에도 희망이 있게 됩니다.

"그러므로 우리는 다른 이들과 같이 자지 말고 오직 깨어 근신할지라"(6절).

여기서 '잔다'고 하는 것은 기도를 중단하거나 죄에 빠져 있는 것을 말합니다. 그러기에 우리는 절대로 기도를 중단해서는 안 됩니다. 기도가 중단되는 순간 우리의 영적인 호흡은 끊어지는 것입니다. 그보다 더 위험한 것이 죄에 잠시라도 빠지는 것입니다. 술을 마시는 사람들에게 가장 위험한 것은 필름이 끊어지는 것입니다. 필름이 끊어지면 무슨 짓을 했는지 전혀 기억을 하지 못하게 됩니다. 그래서 살인을 저지르거나 혹은 무슨 누명을 뒤집어써도 변명할 길이 없는 것입니다. 우리가 죄에 빠지면 잠시 영적인 생명이 끊어지게 됩니다. 만일 이 상태가 길어지면 식물인간이 될지도 모릅니다. 우리가 인간인 이상 잠시 죄의 유혹을 받을 수도 있지만 어서 속히 정상적인 상태를 회복해야 합니다.

여기에 보면 빛의 자녀와 어두움의 자녀는 사는 목적이 완전히 다른 것을 볼 수 있습니다.

"자는 자들은 밤에 자고 취하는 자들은 밤에 취하되 우리는 낮에 속하였으니 근신하여 믿음과 사랑의 흉배를 붙이고 구원의 소망의 투구를 쓰자. 하나님이 우리를 세우심은 노하심에 이르게 하심이 아니요. 오직 우리 주 예수 그리스도로 말미암아 구원을 얻게 하신 것이라"(7-9절).

자는 자들은 밤에 잠을 잡니다. 낮이라 하더라도 캄캄하게 만들어서 잠을 잡니다. 특히 술 마시는 자들은 방을 캄캄하게 만들어 놓고 술을 마셔야 술맛이 날 것입니다. 그래서 죄짓는 자들과 술 마시는 자들은 언제나 밤만 계속 되고 있습니다. 그 이유는 깨닫지 못하기 때문입니다. 그러나 빛의 자녀는 영적인 전쟁이 있습니다. 그래서 아예 완전 무장을 합니다. 항상 믿음과 사랑의 흉배를 붙이고 구원의 소망의 투구를 쓰고 있는 것입니다. 왜냐하면 다른 것으로는 사탄의 불화살을 막을 수 없기 때문입니다. 무엇인가 의심이 될 때 우리는 믿음으로 막습니다. 누군가가 미울 때에는 사랑의 가슴으로 막습니다. 무조건 믿고 사랑하는 것입니다. 그리고 머리는 소망의 투구를 쓰고 있는 것입니다. 우리는 어려움이 계속될 때에도 예수님이 우리를 이 어려움에서 건져내실 것이라는 확실한 소망의 투구를 써야 합니다.

하나님이 우리를 부르신 것은 노하심이 아니라 구원을 얻게 하기 위해서입니다. 하나님은 우리를 절대로 미련한 사람으로 만들지 아니하십니다. 하나님은 잠자는 자들이나 술 취하는 자들에 대해서 화를 내십니다. 그 이유는 하나님이 주신 인생을 낭비하고 있기 때문입니다. 그러나 우리는 그렇게 미련한 자들이 아닙니다. 우리는 인생의 가치를 충분히 알고 있습니다.

"예수께서 우리를 위하여 죽으사 우리로 하여금 깨든지 자든지 자기와 함께 살게 하려 하셨느니라"(10절).

우리는 자든지 깨든지 항상 주님과 함께 있기 때문에 주님을 언제나 느낄 수 있습니다. 그래서 주님이 다시 오시더라도 우리는 얼마든지 알아차릴 수 있고 주님을 만났을 때에도 금방 알아볼 수 있을 것입니다. 왜냐하면 우리가 언제나 주님을 의지했고 주님과 함께 동행을 했기 때문입니다.

아름다운 교회 생활

우리가 이 세상의 어두움에 빠지지 않고 언제나 깨어 있으려면 항상 새로운 은혜와 말씀의 공급이 있어야 합니다. 그렇게 하려면 자연스럽게 교회 생활이 우리의 중심이 되어야 합니다. 그 중에서도 말씀을 듣고 기도하고 봉사하는 것이 중심이 되어야 합니다. 우리에게 하나님의 말씀이 언제나 공급이 되면 우리는 깨어있을 수 있습니다. 그러나 하나님의 말씀이 끊어지면 자꾸 하품이 나오면서 어지러워지고 잠이 자꾸 오게 됩니다.

그러기에 우리가 영적으로 깨어 있기 위해서는 항상 말씀을 가까이 해야 합니다.

"형제들아 우리가 너희에게 구하노니 너희 가운데서 수고하고 주 안에서 너희를 다스리며 권하는 자들을 너희가 알고 저의 역사로 말미암아 사랑 안에서 가장 귀히 여기며 너희끼리 화목하라"(12-13절).

교회 안에서 말씀을 전하는 자도 인간이기에 성도들이 말씀 전하는 자를 귀중히 여기지 않고 무시하고 인간적으로 공격을 자꾸 하게 되면 낙심이 되고 침체가 되어서 하나님의 말씀을 전하는데 힘을 잃게 됩니다. 그러면 결국 성도들이 하나님의 말씀을 제대로 듣지 못하게 되기 때문에 영혼이 병들게 됩니다. 그런 까닭에 교회에서는 하나님의 말씀이 막히지 않도록 거기에 최우선 순위를 두어야 합니다. 무엇보다 하나님의 은혜가 중단되면 공동체는 깊은 영적인 잠을 자게 됩니다. 그러기에 우리는 교회에 쓸데없는 권위의식이나 죄나 세상적인 유행들이 교회 안에 들어와서 말씀을 막지 않도록 최선을 다해야 합니다.

그리고 교회 생활도 아주 절도 있게 아름답게 하라고 권면을 하고 있습니다.

"또 형제들아 너희를 권면하노니 규모 없는 자들을 권계하며 마음이 약한 자들을 안위하고 힘이 없는 자들을 붙들어 주며 모든 사람을 대하여 오래 참으라. 삼가 누가 누구에게든지 악으로 악을 갚지 말게 하고 오직 피차 대하든지 모든 사람을 대하든지 항상 선을 좇으라"(14-15절).

여기에 보면 규모가 없는 자가 나옵니다. 이 사람들은 내 것과 네 것의 구별이 별로 없는 사람들입니다. 즉 모든 것은 그리스도의 사랑이면 된다고 생각해서 남에게 물질적으로 피해를 주거나 돈이 있으면 다 써버리고 없으면 남에게 빌리거나 하는 사람입니다. 이런 사람들에게는 그리스도의 사랑이 그런 것이 아니라는 것을 가르쳐주어야 합니다.

그 대신에 약한 자나 힘이 없는 자는 붙잡아 주어야 합니다. 즉 남에게 피해를 줄 생각은 없는데 어쩔 수 없이 어려운 시련 가운데 있는 사람들은 도와주어야 하는 것입니다.

그리고 모든 사람에 대하여 오래 참으라고 했습니다. 왜냐하면 우리 믿음이 성숙하는데 하루 이틀에 되지 않기 때문입니다. 결국 우리가 변하는데 시간이 걸렸던 것처럼 다른 사람에게도 시간을 주어야 합니다.

그리고 절대로 남의 악을 악으로 갚으면 안 됩니다. 왜냐하면 우리가 악한 자가 되기 때문입니다. 악을 이기려면 우리는 선한 자가 되면 되는 것입니다. 이것은 쉽지 않지만 하나님의 말씀에 순종하면 나중에 영적인 큰 유익을 얻게 됩니다.

그리고 여기에 주님의 가장 중요한 세 가지 명령이 나옵니다. 이것은 주님의 명령이기 때문에 우리가 반드시 해야 하는 것입니다.

그 첫째는 항상 기뻐하는 것입니다. 우리는 신앙생활을 하다보면 기뻐할 수 없는 때가 많이 있습니다. 오히려 우리를 우울하게 하고 답답하게 할 때가 많습니다. 그런데 이러한 상황에서도 절망하지 않고 오히려 기뻐할 수 있습니다. 그 이유는 살아계신 하나님의 위로를 믿기 때문입니다. 우리가 항상 기뻐할 수 있는 것은 신실하신 하나님을 믿기 때문입니다. 무엇보다 우리가 성령 충만해야 기뻐할 수 있습니다. 그리스도인들에게는 항상 기쁜 것이 정상적인 것입니다. 우리가 성령 충만한지 그렇지 않은지 알 수 있는 바로미터가 있다면 그것은 기뻐하는 것입니다. 우리에게서 기쁨이 사라지는 순간 우리는 성령 충만하지 못한 것입니다. 믿는 자들이 오래 화를 내면 기쁨의 감정이 싹없어지면서 우울증이 오게 됩니다. 우울증이 오는 이유는 화를 오래 내었기 때문입니다. 우울증이 오면 아무리 행복하려고 해도 행복해지지가 않습니다. 완전히 자기 혼자만의 감옥에 갇혀서 불안하게 됩니다. 우리가 항상 기뻐할 때 하나님의 뜻에 바로 순종할 수 있습니다. 그렇지 못하면 아직 인생의 무거운 짐을 내가 지고 낑낑거리고 있기 때문입니다.

그리고 두 번째는 쉬지 말고 기도하라고 했습니다. 어떤 분은 쉬지 말고 기도하라고 하니까 어떻게 24시간 쉬지도 않고 기도만 할 수 있느냐고 말하는 분도 있습니다. 이것은 기도를 중단하지 말라는 의미이지 24시간 아무일도 하지 않고 오로지 기도만 하고 살라는 뜻은 아닌 것입니다. 기도는 우리 인간이 하나님께 할 수 있는 가장 위대한 것입니다. 우리가 이 세상에서 다른 어떤 일을 많이 하는 것보다 하나님을 더 가까이 하고 하나님께 기도하는 것보다 더 위대한 것은 없습니다. 그러면 우리는 도대체 어떤 것을 기도해야 합니까? 모든 것을 다 기도하면 됩니다. 사랑하는 사람들은 시시콜콜한 모든 것을 다 이야기하고 그것을 또 좋아합니다. 왜냐하면 서로 아무런 벽이 없기 때문입니다. 우리가 하나님께 기도할 때 무엇인가 필요한 것만 기도해서는 안 됩니다. 아주 사소한 내용도 하나님께 기도해야 할 것입니다. 그러면 하나님도 우리를 굉장히 가까이 하실 것입니다.

예수님은 이 세상에 사시면서 항상 기도하셨습니다. 왜냐하면 예수님께서는 이 세상보다는 하나님이 더 가까이 교제하는 것을 즐기셨기 때문입니다. 그런 까닭에 우리는 하나님을 가까이 해야 합니다.

그리고 세 번째가 범사에 감사하라고 하셨습니다. 우리가 왜 범사에 모든 일에 감사를 하지 못할까요? 그 이유는 욕심에 눈이 어두워졌기 때문입니다. 우리는 대개 하나님께서 주신 아흔아홉 가지는 감사하지 못하고 내게 없는 딱 한 가지 때문에 원망하거나 불평할 때가 많습니다. 많은 사람들은 감사한 일이 있어도 감사를 표현하지 못할 때가 많습니다. 그것은 그만큼 자기 자신이 자신감이 없기 때문입니다. 우리가 감사할 수 있다는 것은 그만큼 우리가 어른스러워졌고 당당해진 것을 의미합니다. 그리고 우리가 어려운 가운데 감사를 하면 하나님의 기적이 나타날 때가 많습니다. 그러기에 우리 믿는 자들은 언제나 감사부터 해야 합니다. 그러면 하나님께서도 더 많은 복을 내려주십니다.

그리고 하나님이 주시는 은혜를 소중하게 생각해야 합니다. 여기에 보면 성령을 소멸치 말고 예언을 멸시치 말라고 했습니다. 성령의 감동은 우리가 교만하거나 거짓말하거나 음탕한 마음을 먹으면 금방 사라져버립니다. 그리고 이것을 다시 회복시키려고 하면 애를 많이 써야 합니다. 옛날에는 멋도 모르고 쉽게 유혹에 빠졌던 사람들도 나중에는 성령의 감동을 회복하는 것이 어렵다는 것을 알고는 유혹을 피하게 됩니다. 그리고 예언을 소멸치 말라고 했습니다. 이것은 우리 마음에 순간순간 떠오르는 영감을 말합니다. 물론 이 영감이 절대적인 말씀은 아닐 수도 있지만 하나님의 뜻에 순종하는데 아주 중요한 역할을 할 때가 많습니다. 즉 이 영감이야말로 영적으로 우리 감각이 살아있는 것이며 예민한 하나님의 뜻을 분별하는데 많은 도움이 됩니다.

그리고 범사에 항상 헤아려 좋은 것만 취하고 악은 모양이라도 버리라고 했습니다. 악은 어떤 형태의 것이든지 아예 가까이 하지 말라는 뜻입니다. 그러면 평강의 하나님께서 우리의 영과 혼과 몸을 그리스도가 오실 때까지 온전하게 지켜주실 것이라고 약속을 하셨습니다. 그러니까 빛 가운데 있으면 쓸데없이 미래에 대하여 불안해 할 필요가 없는 것입니다.

여기에 보면 우리를 부르신 이는 미쁘시다고 했습니다. 이 말은 아주 신실하시다는 뜻입니다. 하나님은 신실하시기에 그분이 약속하신 것들은 모두 다 이루어주실 것입니다. 이 말씀들은 듣기 좋으라고 하신 말씀들이 아니고 꼭 이대로 해주시려고 하신 말씀입니다. 그리고 마지막으로 거룩한 입맞춤으로 모든 형제에게 문안을 하라고 했습니다. 어떤 사람은 꼭 입을 맞추어야 하는가 하는 생각을 하는데 이 말은 인사를 할 때 성의를 가지고 진지하게 인사를 하라는 뜻으로 생각하시면 됩니다. 우리는 서로 인사를 주고받을 때 너무 성의 없이 할 때가 많은데 그렇게 하지 말고 소중한 느낌이 들도록 성의를 다해서 인사하셔야 합니다. 그러면 신앙생활에 아주 큰 위로가 되고 힘이 될 것입니다.

06
재림의 소망

살후 1:1-12

　아버지가 어디 먼 곳에 출장을 가시면 부인이나 아이들은 내내 집에서 아버지가 돌아오기만 기다립니다. 아이들은 낮에 다른 아이가 괴롭히거나 때리면 아버지가 오면 다 일러주려고 자지 않고 기다리다가 나중에는 도저히 잠을 이기지 못해서 잠에 곯아떨어지고 맙니다.
　저는 예전에 집을 떠나 타지에 가 있게 되면 너무나도 가족들이 보고 싶었습니다. 너무나도 그립고 보고 싶어서 전화로라도 목소리를 듣지 않으면 견딜 수가 없었습니다. 그러다가 모든 순서를 다 마치고 집으로 오게 되면 집에 오는 것이 얼마나 좋은지 마치 날아서라도 집으로 오고 싶은 심정이었습니다.

로라 잉걸스 와일드의 '큰 숲 작은 집'을 보면 로라가 어렸을 때 읍내로 가신 아버지를 눈이 빠지도록 기다리는 이야기가 나옵니다. 도무지 이웃이라고는 없는 큰 숲에 살 때에 하루는 아버지가 걸어서 하루 종일 걸리는 읍내에 짐승 가죽을 팔러 가셨다가 밤이 되어도 돌아오시지 않는 것입니다. 그래서 언니와 자기, 그리고 엄마하고 밤늦도록 아빠를 기다립니다. 그 날 밤에 엄마는 외양간에 소를 돌보러 갔다가 소가 우리 밖에 있는 것을 보고 왜 여기 있느냐고 소등을 손바닥으로 찰싹 찰싹 때렸습니다. 그런데 그것은 소가 아니고 곰이 거기에 와 있었던 것입니다. 엄마도 모르고 곰을 때렸고 곰도 갑자기 누가 자기 등을 때리니까 당황을 했던 모양입니다. 엄마는 금방 침착하게 로라를 데리고 조심스럽게 집으로 가자고 하면서 막 달려가서 문을 꼭 잠궜습니다.

아빠가 그날 늦었던 이유는 눈 때문에 너무 늦게 읍내에 도착했기 때문입니다. 아빠가 거기 도착했을 때는 이미 가죽을 팔러 온 사람들이 많아서 흥정에 늦었습니다. 그리고 필요한 물건을 바꾸어 가지고 오니까 한밤중이 되어버린 것입니다. 그런데 오다가 아빠는 또 서 있는 곰을 발견하게 되었습니다. 그런데 아무리 가라고 해도 곰이 꼼짝도 하지 않고 계속 서 있었습니다. 그래서 아빠는 할 수 없어서 나무 몽둥이를 가지고 덤벼들어서 곰을 내리쳤는데 알고 보니 곰이 아니라 번개를 맞은 고목 줄기였던 것입니다. 이 모든 경험들이 아빠와 엄마와 아이들이 모였을 때 재미있게 나눌 수 있는 이야깃거리들이었습니다.

오늘 우리 예수 믿는 사람들은 마치 아빠가 먼 곳에 출장을 간 가족들과 같습니다. 예수님은 우리를 남겨두시고 먼 곳에 가셨습니다. 그런 까닭에 우리 예수 믿는 사람들은 마치 아빠가 없는 아이들처럼 세상에서 무시를 당하기도 하고 업신여김을 당하기도 하고 괴롭힘을 당하기도 합니다. 이때 우리가 기다리는 것은 오직 우리 주님 밖에 없습니다.

그 때 아빠를 기다린 어린 아이처럼 우리는 예수님께 모든 것을 다 일러바칠 것이며 그동안에 있었던 모든 일들을 재미있게 오순도순 나누게 될 것입니다.

우리 예수 믿는 사람들에게 가장 중요한 것은 예수님이 다시 오시는 재림의 소망입니다. 예수님이 오시기까지는 아직 우리들의 모든 것은 끝나지 않았습니다. 예수님이 다시 오셔서 우리들을 만나주시고 우리들에게 많은 선물을 주시고 우리들이 그동안 당했던 모든 이야기들을 다 들어주시고 복수를 해주셔야 우리들의 모든 이야기는 다 끝나게 되는 것입니다.

그런데 참 이상한 것은 우리가 편안하고 세상일에 재미가 많을 때에는 예수님이 별로 기다려지지가 않습니다. 오히려 예수님이 오시지 않고 이대로 세상에서 성공해서 잘 사는 것이 더 재미있을 때가 많이 있습니다. 그러나 고난의 때가 오고 핍박의 때가 오면 오로지 예수님이 오시는 것만 기다려지게 되는 것입니다.

저가 어렸을 때 이야기입니다. 아버지가 사업에 실패하시자 엄마와 우리들만 두고 서울에 가셔서 오랫동안 오시지 않으셨습니다. 그때 저는 한편으로는 아버지가 기다려지기도 하지만 다른 한편으로는 아버지가 오시지 않았으면 더 좋겠다고 생각을 했습니다. 우선 아버지가 오시는 것이 좋았던 것은 아버지가 오시면 꼭 사탕이나 먹을 것을 선물로 사가지고 오셨습니다. 그래서 아버지가 오시면 좋았습니다. 반대로 아버지가 오시지 않았으면 좋겠다고 생각한 이유는 아버지가 집에 계시면 우리가 교회에 가는 것을 못 가게 야단을 치셨기 때문입니다. 차라리 아버지가 안 계실 때에는 마음껏 교회도 가고 신앙생활도 했는데 아버지가 오시면 교회에 가는 것이 불편했습니다. 그것이 저와 아버지의 관계를 아주 서먹서먹하게 만들었습니다.

오늘 우리 현대인들의 신앙생활에 가장 큰 문제가 무엇입니까? 그것은 예수님의 재림이 아주 멀게 느껴지는 것입니다. 예수님이 오시는 것이 아주 기다려지고 예수님이 오시기만 하면 모든 것을 다 일러바치려고 하는 그런 심정이 아니라 차라리 예수님이 안 오시기를 바라는 그런 심정으로 자꾸 멀어지고 있는 것입니다. 이것은 지금이 고난의 때가 아니라서 그런 것입니다.

우리나라 성도들이 예수님의 재림을 너무나도 고대하고 기다렸던 때는 일제 시대였습니다. 일제의 핍박과 고난 가운데서 우리 성도들의 소망은 오직 주님이 오셔서 악한 자들을 다 심판하시고 우리를 영원한 영광 가운데로 인도하시는 것이었습니다.

데살로니가 교회는 사도 바울에게 있어서 출산으로 치면 완전히 난산이었습니다. 사도 바울은 데살로니가에서 대략 3주 정도 성경을 가르쳤는데, 유대인들의 난동으로 인해 야반도주를 할 수밖에 없었습니다. 그런데 이 짧은 기간 중에서도 바른 말씀을 들은 사람들은 신실한 교인으로 남았습니다. 이들이 바로 데살로니가 교인들이었습니다. 그런데 데살로니가 교인들이 예수를 믿으니까 이 시에 있는 유대인들과 자기 동족들의 핍박이 아주 심했습니다. 그래서 사도 바울은 이 데살로니가후서를 통해서 우리 예수 믿는 사람들에게는 주님이 다시 오시는 재림의 약속이 있다는 것을 상기시키고 끝까지 인내할 것을 권면하고 있습니다.

믿음의 성장

사도 바울은 다른 사람을 대하는데 있어서 아주 놀라운 장점이 하나 있었습니다. 그것은 어느 누구라도 그 사람에게 있는 좋은 장점을 찾아내고 그것을 격려하고 칭찬하는 능력이었습니다. 우리가 언제나 기억해야 하는 한 가지는 우리는 다른 사람을 축복할 수 있는 능력이 있다는 점입니다. 우리가 다른 사람을 일단 좋은 눈으로 봐주기만 해도 그것은 축복으로 나타나게 됩니다. 저는 교인들을 대하면서 굳이 말은 하지 않지만 아주 좋은 마음으로, 즉 그 사람이 잘 되기를 바라는 마음으로 대하기만 해도 실제로 그 사람에게 복이 임하는 것을 많이 체험을 할 수 있었습니다. 특히 청소년들이나 청년들의 경우에는 이것이 더 잘 나타나는 것 같았습니다. 청소년들이나 청년들이 하나님의 은혜를 사모하고 믿음으로 살려고 애를 쓰는 모습이 얼마나 아름답습니까? 그래서 마음속으로 이 사람들이 정말 잘 되기를 바라는 마음으로 생각을 하고 대했을 때 정말 그렇게 되는 일들이 너무나도 많았습니다. 더욱이 그들 안에 그 자신들도 잘 모르는 좋은 장점을 인정해주고 격려해줄 때 그들은 자신들 안에 그런 아름다운 점이 있다는 사실을 발견하고 감격하게 되는 것을 보았습니다. 이것이 바로 축복의 능력입니다.

"형제들아 우리가 너희를 위하여 항상 하나님께 감사할지니 이것이 당연함은 너희 믿음이 더욱 자라고 너희가 다 각기 서로 사랑함이 풍성함이며"(3절).

목회자나 교인들에게 가장 감사한 것은 누군가가 믿음 생활을 잘 하고 있다는 소식을 듣는 것입니다. 사실 다른 사람이 믿음 생활을 잘 하는 것과 내 자신은 별 상관이 없습니다. 그런데 그것이 그렇게 기쁜 것은 믿는 사람들은 하나님의 자녀로서 한 형제이기 때문입니다. 그래서 누군가 한 사람이 힘을 내면 다른 사람들도 다 힘이 생기게 되어 있고 어느 누군가가 침체되어서 힘들어하면 다른 사람들도 다 힘들어하게 됩니다. 가족들의 경우에 어느 한 사람이 힘을 내면 다른 온 가족들이 용기를 얻게 되고 어느 한 사람이 낙심하여 좌절에 빠지면 다른 모든 사람들도 기운이 빠지고 낙심하게 되는 것입니다.

그러기에 하나님의 백성들은 자기 자신이나 다른 사람들을 위해서 언제나 성령과 은혜가 충만해야 합니다. 특히 교인들에게 가장 좋지 못한 것이 있다면 신앙이 사이클 곡선을 그리면서 올라갔다 내려갔다 하면서 기복을 보이는 것입니다. 사실 우리는 인간이기 때문에 늘 은혜와 말씀이 충만할 수가 없습니다. 운동선수들의 경우에도 아무리 훌륭한 선수라 하더라도 언제나 좋은 성적을 낼 수는 없습니다. 어떤 시즌에는 잘 하는가 하면 어떤 시즌에는 슬럼프에 빠지는 바람에 주전의 자리를 빼앗겨버리는 경우도 많이 있습니다.

운동선수들에게 있는 슬럼프의 가장 중요한 이유는 부상일 것입니다. 때로는 심리적인 부담이라든지 아니면 자기 관리나 연습의 부족일 수도 있을 것입니다.

우리 믿는 사람들의 신앙이 자주 슬럼프에 빠지는 이유는 말씀 중심의 신앙생활을 하지 않기 때문입니다. 즉 우리는 항상 말씀을 묵상하고 기도하면서 교회와 이웃을 위해 봉사하지 않으면 영적인 침체에 빠질 수 있습니다. 데살로니가 교인들은 믿은 지 오래된 사람들은 아니지만 철저하게 말씀 중심의 신앙생활을 하고 있었습니다. 그 결과 그들의 신앙은 항상 위를 향하여 독수리처럼 올라가는 신앙을 유지할 수 있었습니다.

여기에 보면 '너희 믿음이 더욱 자라고 너희가 다 각기 서로 사랑함이 풍성함이며' 라고 말씀하고 있습니다. 믿음과 사랑이 서로 상향 곡선을 그리면서 같이 올라가고 있습니다. 말씀을 듣고 믿음이 자라니까 사랑도 더 풍성해 집니다. 사랑이 더 풍성해지니까 더 말씀을 사모하게 되고 말씀을 사모하니까 사랑도 더 풍성해지게 되었습니다. 그러니까 데살로니가 교인들이 얼마나 지혜로운 교인들이었는지 모릅니다. 이들은 신앙생활을 하더라도 아주 경제적으로 하는 사람들이었습니다. 그들은 항상 말씀 중심의 생활을 하니까 신앙이 지속적으로 자라게 되었습니다. 그 결과 믿음과 사랑이 풍성한 상태에 있었습니다.

믿음은 좋은데 사랑이 없으면 신앙이 좀 딱딱한 것 같고 남을 판단하고 무시하는 것 같은 느낌이 들것입니다. 반대로 사랑은 많은데 믿음이 없으면 선한 일을 하면서도 스스로 상처를 받기도 하고 자기가 잘했는지 못했는지 몰라서 불안해하게 됩니다. 그런데 믿음과 사랑이 균형이 잡히니까 무리가 되지도 않으면서 계속적인 사랑의 능력이 나타났던 것입니다.

무엇보다 데살로니가 교인들에게는 믿음과 사랑의 성숙이 핍박과 고난을 견디는데 아주 큰 힘이 되었습니다.

"그리고 너희의 참는 모든 핍박과 환난 중에서 너희 인내와 믿음을 인하여 하나님의 여러 교회에서 우리가 친히 자랑함이라" (4절).

바로 이것이 데살로니가 교회의 가장 큰 문제였고 바울이 데살로니가 후서를 쓰는 이유였습니다. 데살로니가 교회는 핍박을 많이 당하고 있었습니다. 이 핍박은 아마도 기독교를 싫어하는 유대인들이 하는 핍박과 데살로니가 사람들이 주는 핍박이었던 것입니다. 아마도 그 당시 기독교인들은 데살로니가 안에서 재산상의 피해를 보거나 인격적인 모욕을 당하거나 혹은 물건을 빼앗기거나 구타를 당한 것 같습니다.

그런데 놀라운 것은 데살로니가 교인들에게 그런 핍박이 그렇게 심한 두려움과 절망을 주지는 않았던 것입니다. 왜냐하면 속으로 믿음이 있으니까 외부에서 충격을 받아도 다치지 않고 은혜가 그런 충격을 몰아내었기 때문입니다. 마치 우리가 겨울에 목욕탕에서 목욕을 하고 나오면 이미 몸 안에 뜨거운 기운이 있기 때문에 밖에 있는 추위를 몰아내고 오히려 땀이 나는 것을 보는 것과 같습니다. 물론 그런 추위 가운데 계속 있게 되면 결국 감기가 들게 되지만 어느 정도의 시간은 문제가 되지 않는 것입니다.

데살로니가 교회의 사정도 이와 비슷한 것 같았습니다. 하지만 교회 안에서 계속 하나님의 말씀이 공급되고 있으니까 외적인 핍박이나 손해가 있어도 큰 충격이 되지 않았습니다. 이것이 주위에 있는 다른 교회에 큰 용기가 되었습니다. 왜냐하면 하나님의 백성들은 다 비슷비슷하기 때문에 한쪽에서 이기면 다른 쪽에서도 얼마든지 이길 수 있기 때문입니다.

핍박이 준 소망

우리 성도들에게 큰 특권이 하나 있다면 그것은 고난을 당하고 핍박을 받을 때 주님을 아주 가깝게 느낄 수 있다는 것입니다. 왜냐하면 주님이 고난 받는 우리를 버리지 않으시고 가까이 계셔서 우리를 도와주기 때문입니다.

> "이는 하나님의 공의로운 심판의 표요, 너희로 하여금 하나님 나라에 합당한 자로 여기심을 얻게 하려 함이니 그 나라를 위하여 너희가 또한 고난을 받느니라"(5절).

여기서 우리가 생각해야 할 것은 왜 우리가 예수 믿는데 다른 사람들이 우리를 미워하고 핍박하느냐 하는 것입니다. 그것은 우리가 그들과 다르기 때문입니다. 그 핵심은 죄를 짓지 않는 것에 대한 시기심에 있습니다.

사람들은 누구나 다 죄를 지으면 같이 죄를 지어야 마음이 편해집니다. 왜냐하면 같은 죄인이라는 동질 의식이 있기 때문입니다. 그러나 누군가가 끝까지 죄에 동참을 하지 않고 있으면 자기들만 죄인이라는 것이 드러나기 때문에 결국은 공격을 해서 같은 죄인으로 만들어버리려고 하는 것입니다.

그래서 예수 믿는 사람들이 세상에서 미움을 당하는 것은 어떤 의미에서 당연한 것이고 굉장히 좋은 것입니다. 우리는 세상의 죄를 먹고 마시는 사람들과는 같을 수가 없습니다.

그런데 참으로 감사한 것은 이런 것으로 고통을 당할 때 우리는 주님께 더 기도를 하게 되기에 주님을 굉장히 가깝게 느낄 수 있습니다. 또한 주님도 고난받는 우리와 가까이 계시기 때문에 주님과 하나되는 신비로운 체험을 하게 됩니다.

병원에서도 의사나 간호사는 중환자를 더 주의해서 살펴봅니다. 스물 네 시간 교대로 잠을 자지 않고 삼십분 간격이나 이십분 간격으로 체크를 합니다. 마찬가지로 우리 주님도 고난받는 우리에게 찾아오셔서 우리를 도와주십니다. 이때 우리는 주님이 아주 가까이 계신 것을 느끼게 되고 천국의 소망이 너무 분명하고 생생해지는 것을 깨닫게 됩니다.

우리는 이런 고난을 통하여 그 나라의 합당한 자로 여겨지게 됩니다. 그러니까 천국에는 아예 고난을 통과하지 않으면 들어가기에 부끄러운 사람이 되는 것입니다. 한때 우리나라의 운동권 학생들 중에서는 감옥에 갔다 온 것이 당연한 것으로 여겨졌습니다. 오히려 갔다 오지 않으면 부끄러운 것처럼 고난이 당연하게 받아들여 졌습니다. 때때로 우리 그리스도인들도 고난에 대해 두려워 할 때가 많습니다.

그러나 막상 한번 고난을 받아보면 별 것이 아닌 것입니다. 이것을 보고 모든 교인들이 고난이 별 것 아니라는 신앙을 가지게 되는 것입니다. 그리고 고난을 통해 우리는 하나님과 가까이 하는 법을 배우기 때문에 고난은 우리에게 큰 유익이 됩니다.

마치 비유를 들면 고난을 통과한 신앙은 예방주사를 맞은 신앙과 같습니다. 예방주사를 맞은 사람은 감기나 전염병이 와도 항체가 있기 때문에 두렵지가 않습니다. 이와 같이 고난을 통과한 성도는 그 어떤 어려움이 올지라도 조금도 두려워 하지 않습니다. 왜냐하면 고난이 우리의 신앙을 결코 흔들지 못하고 더 강인한 믿음으로 살게하기 때문입니다.

예수님의 재림

우리 주님은 지금 우리를 떠나 하나님의 보좌 우편에 계시기에 우리는 이 땅에서 주님이 받으신 고난을 받게 됩니다. 그러나 머지 않아 우리 주님은 반드시 재림하여 이 세상을 심판하실 것을 믿기에 우리는 소망을 갖고 주님의 재림을 기다려야 할 것입니다.

예수님은 우리가 세상적인 힘이나 다른 방법을 쓰지 않고 주님이 오실 때까지 오직 말씀과 기도로 모든 어려움을 다 이겨내기를 원하고 계십니다. 그러면 우리 주님이 재림하실 때 충성된 종에게 큰 상급을 베풀어 주실 것입니다.

우리는 예수님이 하라고 하신 방법대로 해야 상을 얻을 수가 있습니다.

"너희로 환난 받게 하는 자들에게는 환난으로 갚으시고 환난 받는 너희에게는 우리와 함께 안식으로 갚으시는 것이 하나님의 공의시니 주 예수께서 저의 능력의 천사들과 함께 하늘로부터 불꽃 중에 나타나실 때에"(6-7절).

우리 속담에도 '맞은 사람은 발을 뻗고 자도 때린 자는 발을 뻗고 자지 못 한다' 라는 말이 있습니다. 우리 예수 믿는 사람들을 욕하고 때리고 핍박한 자들의 마음이 편한가 하면 결단코 그렇지 않습니다. 이상하게 그들의 마음속에는 무엇인가 하지 말아야 할 짓을 한 것 같다는 죄책감이 있습니다. 마지막 심판 때에 가보면 우리를 핍박한 자들이 그 모든 죄가 다 기록이 되어 있기에 그들은 그들의 행위대로 심판을 받게 될 것입니다.

사도 바울은 예수를 믿기 전에 사탄에 속아 진리되신 주님을 알지 못했기 때문에 열심히 기독교인들을 핍박을 했습니다. 그러다가 다메섹으로 가는 도중 환한 빛 가운데서 예수님을 만나게 되었습니다. 그때 예수님은 사울에게 '사울아, 사울아 어찌하여 네가 나를 핍박하느냐?'고 말씀하셨습니다. 예수 믿는 사람들을 핍박하는 것이 사실은 모두 다 예수님을 핍박하는 것이었습니다.

예수 믿는 자들을 핍박하는 자들은 모두 다 진리를 모르기 때문에 핍박을 하게 됩니다. 하지만 그들이 만일 주님을 영접하고 회개하지 않으면 반드시 지옥의 형벌을 받게 됩니다. 그런 까닭에 예수 믿는 사람들을 핍박했던 사람들은 죽기 전에 빨리 회개를 해야 합니다. 그 대신에 이미 주님을 인하여 핍박을 받은 자들은 더 이상의 환난이 없습니다. 왜냐하면 '일사부재리'의 원칙에 의해서 더 이상 고통 받을 필요가 없기 때문입니다.

그래서 하나님의 백성들은 기왕 훈련을 받으려 하면 일찍 받는 것이 낫습니다. 물론 늙어서 연단을 받는 것도 좋겠지만 미리 일찍 젊었을 때 실컷 연단을 받으면 한 평생 살면서 늘 은혜를 누릴 수 있는 것입니다.

모세 같은 사람은 정말 일찍 화끈하게 연단을 받았습니다. 그런 까닭에 그는 더 이상 환난 없이 죽을 때까지 능력 있는 종으로 쓰임을 받았습니다. 왜 이렇게 일찍 연단을 받는 것이 좋은가 하면 연단을 통하여 하나님만 의지하게 되고 미리 겸손해지기 때문에 더 이상 맞을 필요가 없기 때문입니다.

결국 예수님은 머지 않아 이 땅에 다시 오셔서 이 세상의 모든 악한 자들을 심판하실 것입니다. 이때가 우리에게는 가장 좋을 때이고 가장 가슴이 시원할 때일 것입니다.

"이런 자들이 주의 얼굴과 그의 힘의 영광을 떠나 영원한 멸망의 형벌을 받으리로다"(9절).

주님을 믿지 않는 자들은 나중에 천국에 가고 싶어도 예수님의 얼굴 광채에 자기의 모든 부끄러운 죄가 다 드러나기 때문에 자기 스스로가 하나님의 영광에 갈 수가 없게 됩니다. 오히려 그리스도의 얼굴을 보고 그 영광을 보면 죄로 인해 부끄럽고 너무나도 자신이 싫기 때문에 스스로 자기가 지옥을 찾아가게 되는 것입니다.

"그 날에 강림하사 그의 성도들에게서 영광을 얻으시고 모든 믿는 자에게서 기이히 여김을 얻으시리라(우리의 증거가 너희에게 믿어졌음이라)"(10절).

우리 성도들은 모두 주님을 기다리고 있는 자식들과 같습니다. 예수 믿는 자들 중에서 예수님이 오시는 것을 싫어하는 사람은 아무도 없습니다. 우리는 열렬하게 주님을 환영할 것입니다. 그 대신에 믿지 않는 자들은 욕을 하면서 주님의 영광을 피하여 숨을 것입니다. 부자나 상인들이나 높은 사람들이 산이나 바위보고 자기 위에 무너져서 자기를 좀 가리워서 이 비참한 수치를 더 이상 보지 않게 해 달라고 요청할 것입니다.

그 때 모든 믿는 자들은 주님을 기이히 여길 것이라고 했습니다. 그 이유는 일단 주님을 너무나도 가까이에서 만나니까 신기할 것이고 또 다른 이유는 우리가 변화되어서 주님을 만나니까 더 신기할 것입니다. 그리고 우리는 주님을 만남으로 이제 아빠를 다시 만난 자식처럼 모든 것이 든든해지게 되고 많은 선물도 받고 이제는 아무 걱정 없이 영원히 사랑하며 행복하게 살 것이기 때문에 이보다 더 좋을 수가 없는 것입니다.

그래서 사도 바울은 데살로니가 교인들을 위해서 다시 기도하게 됩니다.

"이러므로 우리도 항상 너희를 위하여 기도함은 우리 하나님이 너희를 그 부르심에 합당한 자로 여기시고 모든 선을 기뻐함과 믿음의 역사를 능력으로 이루게 하시고 우리 하나님과 주 예수 그리스도의 은혜대로 우리 주 예수의 이름이 너희 가운데서 영광을 얻으시고 너희도 그 안에서 영광을 얻게 하려 함이니라" (11-12절).

고난당하는 성도들을 위해서 우리가 해 줄 수 있는 것은 그들을 위해서 기도해주는 것입니다. 기도 해 줄 때 성도들은 더 많은 용기를 내게 되고 더 많은 영광을 체험하게 됩니다. 그러므로 우리는 고난 받고 어려움을 당하고 있는 성도들을 위해 항상 기도하는 자가 되어야 할 것입니다. 그러면 우리가 고난 받을 때에도 주님의 놀라운 위로를 받게 될 것입니다.

07
이단의 활동
살후 2:1-17

　최근에 와서 세계적으로 복음을 부정하는 사건이 크게 두 개가 나타났습니다. 하나는 이른바 '다빈치 코드' 라는 책과 영화였습니다. '다빈치 코드' 라고 하는 것은 레오나르도 다빈치가 그린 '최후의 만찬' 이라는 그림에 비밀이 있다는 것입니다. 그 책의 저자는 최후의 만찬석상에서 예수님 옆에 기대어 앉은 수염이 없는 젊은 이가 제자 요한이 아니라 막달라 마리아라는 것입니다. 그리고 예수님은 막달라 마리아와 결혼을 했다고 주장을 하는 것입니다.
　원래 역사 소설이라는 것은 역사의 어떤 소재에서 저자가 자기 마음대로 이야기를 지어내는 것입니다. 그래서 소설 허준을 보면 허준의 선생이 밀양의 얼음골에서 자기 시신을 허준이 분해하게 하는 이야기가 있는데 실제로는 그런 선생도 없는데 다 지어낸 이야기인 것입니다. 마찬가지로 '다빈치 코드'도 저자가 그림을 보고 상상을 해 낸 이야기에 불과합니다. 그러나 신앙과 관계되는 것들은 이런 상상을 조심해야 합니다. 예를 들어 영화 벤허 같은 경우에는 실제로 있은 일은 아니지만 조사를 많이 해서 거의 일어났을 가능성이 높은 이야기를 소설화한 것이지만 다빈치 코드는 완전히 저자의 상상력의 소산인 것입니다. 그럼에도 불구하고 그런 이야기들을 믿고 싶어 하는 사람들을 통하여 많이 유포되었던 것은 사실입니다.

그리고 또 하나는 '가룟 유다 복음서'라는 것입니다. 가룟 유다 복음서는 아주 오래된 이집트의 콥틱어로 기록된 문서를 찾아서 해독을 한 것입니다.

이 가룟 유다의 복음서에는 가룟 유다가 예수님을 배신한 것이 아니라 예수님이 가룟 유다에게 자기를 밀고해 달라고 가룟 유다에게 부탁을 했다는 것입니다. 그래서 가룟 유다는 예수님의 말씀에 따라서 가서 일러바쳤을 뿐이라고 이야기를 합니다. 그러나 전문적인 학자들의 이야기를 들어보면 이 번역에 오류가 많다는 이야기를 하고 있습니다. 즉 제대로 번역해야 할 것을 번역을 하지 않았다는 뜻입니다. 그리고 원본을 공개를 하지 않고 있습니다.

예수님의 재림의 시기에 대하여 가장 많은 물의를 일으킨 파는 안식교일 것입니다. 이들은 다니엘서에 나오는 숫자를 가지고 예수님이 재림하실 시기를 계산을 해서 예수님이 언제 재림하신다고 발표를 했다가 맞지 않으니까 시기를 뒤로 연장을 했습니다. 그래도 불발이 되니까 예수님이 이미 공중에 재림을 했다는 식으로 주장을 변경했습니다.

그리고 우리나라에서도 한 시한부 종말론파에서는 날짜와 시간을 정해서 예수님의 공중 재림을 발표하는 바람에 사회적으로 많은 물의를 일으켰습니다. 그때 어느 텔레비전에서는 휴거하는 시간을 앞두고 모두 흰옷을 입고 서서 찬송하는 시한부 종말론자들의 추태를 아예 중계방송을 했습니다. 물론 그들은 한 사람도 휴거하지 못했습니다. 그 때 일반인들은 이런 모습을 보고 기독교 전체를 광신자 집단으로 생각을 해서 자녀들을 교회에 가지 못하게 하기도 했습니다.

그런데 이단들이 아주 좋아하는 숫자가 하나 있습니다. 그것은 바로 '십사만 사천'이라는 수입니다. 지금도 우리나라에서 맹렬하게 활동하고 있는 이단들은 이 '십사만 사천 명'안에 들어야 구원받을 수 있다고 하면서 열심히 사람들을 포섭을 하고 있습니다.

데살로니가 교인들은 종말론 때문에 주위에서 공격을 많이 받았습니다. 그 이유는 데살로니가라는 지방 자체가 그리스 북부 지방이었기 때문입니다.

그리스 사람들은 대개 세 가지 경향이 있었던 것 같습니다. 하나는 정통 그리스 신화를 추구하는 신앙이었습니다. 그래서 무조건 제우스신이나 다른 신들의 존재를 믿고 신전의 점쟁이들이 하는 신탁의 말을 믿는 것입니다. 이런 신앙은 거의 무속적인 신앙이었고 점쟁이 신앙이었습니다. 그리고 또 하나는 디오니소스종파로서 술에 취해서 완전히 발광을 하는 밀교 의식이 있었습니다. 여기서는 온갖 음란과 광란이 다 이루어졌습니다. 그리고 또 하나는 플라톤과 같은 철학적이면서도 종교적인 성향을 띈 아주 난해하고 복잡한 영지주의 신앙이었습니다. 그런데 무엇인지는 그 정체를 잘 모르겠지만 이 당시 데살로니가에 상당한 이단의 세력이 활동을 했던 것 같습니다. 그들의 주장이 무엇인가 하면 이미 예수님의 재림은 지나갔다는 것입니다. 만약 예수의 재림이 지나갔다면 이들의 믿음은 완전히 엉터리가 되게 되고 결국 구원받으려면 이런 이단들의 가르침을 받아야 한다고 주장을 했던 것입니다.

휴거 파에서도 사람들을 두렵게 한 것이 있었습니다. 그것은 이번에 휴거가 되지 않으면 나중에 이차로 휴거해야 하는데 그때에는 반드시 순교자만 휴거한다고 가르친 것입니다. 그래서 나중에 순교를 하지 않으려면 지금 휴거를 해야 한다고 주장하니까 사람들이 겁이 나서 지금 휴거하려고 달려든 것입니다.

오늘 우리들에게 궁금한 것은 과연 예수님은 재림을 하시기는 하시는가 하는 것입니다. 그리고 무엇 때문에 예수님은 이렇게 긴 시간 동안 재림하시지 않으시는가? 그리고 예수님이 재림하신다면 어떤 일이 일어날 것이며 우리는 그 시기를 어떻게 알 수 있는가 하는 것입니다.

예수님의 재림 시기

우리에게 궁금한 것은 과연 예수님의 재림 시기는 정해져 있는 것인지 아니면 유동적인 것인지 하는 것입니다. 그것에 대하여 예수님께서는 하나님만 아신다고 말씀을 하셨습니다. 즉 천사도 모르고 아들도 모르고 오직 성부 하나님만 아시는 극비 사항이라고 했습니다.

> "그러나 그 날과 그 때는 아무도 모르나니 하늘의 천사들도, 아들도 모르고 오직 아버지만 아시느니라"(마 24:36).

그러나 예수님이 다시 오시는 것만은 분명한 사실입니다. 예수님께서 부활하신 후에 하늘로 올리우실 때 옆에 있던 두 천사는 예수님은 하늘로 올리워 가심을 본 그대로 다시 오실 것이라고 말씀을 했습니다. 그래서 예수님이 다시 오실 때는 몰래 오시는 것도 아니고 공중에서만 재림하시는 것도 아니고 온 세상 사람들이 다 볼 수 있도록 자신의 모습을 분명히 나타내시면서 다시 오실 것입니다. 그러나 그 시기는 아무도 모르는 것입니다.

그런데 예수님은 재림에 대하여 이런 말씀을 하셨습니다. 즉 예수님이 재림하시기 전에 거짓 선지자들이 많이 나타날 것이라고 하셨습니다. 그리고 또 하나는 복음이 땅 끝까지 증거될 것이라고 하셨습니다. 그리고 무엇인가 굉장한 이단이 나타나서 능력을 나타내면서 자기가 그리스도라고 하면서 많은 사람을 미혹하는 일이 일어나게 될 것이라고 말씀하셨습니다.

종말이 되면 왜 굳이 거짓 선지자들이 나타나서 예수가 왔다든지 오지 않았다든지 하면서 거짓말을 해서 사람들을 속이는 것일까요? 사람들이 각자 자기 신앙만 잘 가지면 되는 것이지 왜 거짓말을 해서 사람들에게 혼동을 주는 것일까요? 그것은 복음이 진리이기 때문입니다.

이 세상에는 진짜가 아니면 가짜가 나타나지 않습니다. 진짜 꿀이 있기 때문에 가짜 꿀이 나타나는 것이고 진짜 보석이 있기 때문에 가짜 보석이 나타나는 것입니다. 그리고 진짜 학위가 있기 때문에 가짜 학위가 설치는 것입니다. 복음이 진짜가 아니라면 가짜 복음이 나타나야 할 이유가 없습니다. 그런데 사탄이 보니까 복음은 진짜 중의 진짜인 것입니다. 그러니까 가짜가 나오게 되는 것입니다. 그래서 예수님이 재림하기 전에는 반드시 가짜 복음이 나오게 되어 있습니다. 이 가짜 복음이야말로 사탄이 있다는 것을 증명하는 것입니다. 사탄은 이 가짜 복음을 만드는 장본인입니다.

두 번째는 복음이 땅 끝까지 전파되는 것입니다. 우리는 과연 '땅 끝'이 어딘가 하는 의문을 가지게 됩니다. 도대체 어디까지 가야 우리는 땅 끝까지 간 것이냐 하는 것입니다. 여기 '땅 끝'이라는 것이 이 세상에 있는 모든 종족이나 동네에 하나도 빠짐없이 다 복음이 증거되어야 한다는 뜻은 아닌 것 같습니다. 우리는 알지 못하지만 하나님의 계획 속에는 택함을 받는 자들이 있는 것 같습니다. 하나님께서는 그 마지막 한 사람이 믿을 때까지 재림의 시기를 붙잡고 계시는 것 같습니다. 그러니까 선교라고 하는 것은 하나님께서 준비하신 사람을 찾아가서 예수 믿게 하는 것입니다. 아마 그 마지막 사람이 믿게 되는 것이 분명히 '땅 끝' 일 것입니다. 그러나 우리는 그 땅 끝이 어디인지 지금은 알 수가 없습니다. 단지 우리가 갈 수 있는 모든 곳에 하나님의 백성들을 찾아서 떠나야 하는 것입니다.

옛날에 아더왕의 원탁의 기사들은 잃어버린 성배를 찾아서 모두 다 떠났다고 합니다. 그러나 우리는 성배를 찾아서 떠나는 것이 아니라 숨어있는 하나님의 백성을 찾아서 떠나야 하는 것입니다.

만약 우리가 마지막 택한 백성을 찾아서 예수 믿게 한다면 그 후에는 단 한 명도 전도되는 일이 없을 것입니다. 그러니까 아직도 새로운 신자가 생기고 있다는 것은 예수님의 재림의 때는 아닌 것입니다.

우리 교회에는 매년 사백 명의 교인들이 학습 세례 유아 세례를 받고 있습니다. 이것은 아직 우리 도시에 엄청난 택한 백성들이 있는 것을 의미합니다. 우리는 더 많은 택한 백성들을 찾아 나서야 하는 것입니다.

그런데 예수님께서도 재림 전에 복음 전도를 막는 불법의 세력이 나타날 것이라고 했습니다.

"그러므로 너희가 선지자 다니엘의 말한바 멸망의 가증한 것이 거룩한 곳에 선 것을 보거든 읽는 자는 깨달을진저"(마 24:15).

오늘 본문에도 사도 바울은 이 이야기를 하고 있습니다.

"형제들아 우리가 너희에게 구하는 것은 우리 주 예수 그리스도의 강림하심과 우리가 그 앞에 모임에 관하여 혹 영으로나 혹 말로나 혹 우리에게서 받았다 하는 편지로나 주의 날이 이르렀다고 쉬 동심하거나 두려워하거나 하지 아니할 그것이라"(1-2절).

놀라운 것은 이미 이때에 사도 바울은 말하지도 않았는데 영으로나 혹은 사도 바울이 말했다고 하거나 사도 바울의 이름으로 편지를 보내어서 주의 날이 왔다고 주장하는 사람들이 있었던 것입니다. 아마도 이런 사람들이 나쁜 의도로 이렇게 하지는 않았을 것입니다. 오직 주님의 재림을 너무 사모한 나머지 또한 다른 교인들에게 이런 재림의 순간을 놓치지 않도록 하려고 애쓴 나머지 혹은 너무 초조해서 스스로 주님의 재림 날짜가 왔다고 믿어버리는 것이었습니다. 사도 바울은 이런 조급한 재림론에 흔들리지 말라고 권면을 하고 있습니다.

그 이유는 3절에 "누가 아무렇게 하여도 너희가 미혹하지 말라. 먼저 배도하는 일이 있고 저 불법의 사람 곧 멸망의 아들이 나타나기 전에는 이르지 아니하리니"라고 했습니다.

주님이 재림하는데 있어서 필수적으로 일어나는 일 두 가지가 있습니다. 그 하나는 엄청나게 많은 사람들이 믿음을 버리고 가짜를 따라가는 것입니다. 이것은 일종의 대 시험이라고 할까요? 엉터리로 믿던 많은 사람들이 진리를 떠나는 일이 일어나야 하는 것입니다. 우리가 농사를 지을 때 '솎아내기' 라는 것을 합니다. 즉 무나 배추를 심을 때 처음에는 아무렇게나 많이 씨를 뿌리지만 일단 싹이 나고 난 후에는 필요한 몇 개만 남겨두고 나머지는 다 뽑아버리는 것입니다. 하나님의 나라에 있어서도 이미 천국에 가기 전에 엄청난 솎아내기가 있는 것입니다. 아마도 이것은 환란이거나 세상 재미이거나 혹은 이단의 속임수일 것입니다.

그런데 도저히 정체를 알 수 없는 것이 여기에 나오는데 그것은 '불법의 사람' 즉 '멸망의 아들' 입니다. 우리에게 있어서 궁금한 것은 이 '불법의 아들' 이 어떤 특정인 한 사람을 말하는 것인가 아니면 시대에 따라서 등장하는 여러 사람을 말하는 것인가 하는 것입니다. 아마도 이것은 단 한 사람은 아닐 것입니다. 왜냐하면 마귀는 우는 사자처럼 돌아다니면서 할 수 있으면 택한 자들도 삼키려고 하기 때문입니다.

대개 이 불법의 사람은 두 가지로 볼 수 있습니다. 하나는 정치적인 불법의 사람이고 다른 하나는 종교적인 불법의 사람입니다. 정치적인 불법의 사람은 자신을 신격화 시켜서 숭배하게 하고 그 말을 듣지 않으면 핍박하고 죽이는 것입니다. 그리고 다른 하나는 종교적인 불법의 사람입니다. 이것은 이단 교주인 것입니다. 이단

교주는 무력보다는 기적과 저주를 통해서 사람들을 지배하는 것이 특징입니다. 이 불법의 사람으로는 로마 황제 중에도 여러 사람이 있었습니다. 나중에는 사라센 제국이 이 불법의 사람이 되었습니다. 그래서 기독교가 번창했던 아시아와 북부 아프리카를 완전히 이슬람화 해버렸습니다. 많은 개신교 지도자들은 교황이 이 불법의 사람이라고 주장을 했는데 그런 사람도 있고 그렇지 않은 사람도 있었던 것 같습니다. 20세기에 와서는 공산주의가 이 불법의 사람의 역할을 감당을 했습니다.

사도 바울이 하는 말은 예수님이 오시기 전에 이런 불법의 사람들이 활동을 해야 한다는 것입니다. 결국 거짓 선지자들과 이런 불법의 사람들의 차이는 이 불법의 세력이 무력을 사용한다는 것입니다. 이것은 사람을 솎아내는 정도가 아니라 발로 밟는 것입니다. 그래서 하나님의 백성들은 더욱 더 다져지게 되는 것입니다. 겨울에 보리는 그냥 두면 얼어버리니까 농부들이 발로 밟아줍니다. 마찬가지로 성도들도 밟아야 속으로 단단해지게 되는 것입니다.

우리가 이것을 보면 하나님께서는 예수님이 재림하시기 전에 이미 이 세상에서 하나님의 백성들을 상당히 연단시키는 것을 볼 수 있습니다. 즉 엉성한 상태에서 무조건 천국에 데려가시는 것이 아니라 이 세상에서 솎을 것은 솎으시고 발로 다질 것은 다지셔서 어느 정도 성숙하고 어느 정도 완전해진 상태에서 주님을 맞이하게 하시는 것입니다.

대적하는 자와 막는 자

오늘 본문 말씀을 보면 참으로 흥미 있는 사실을 발견하게 됩니다. 그것은 이 세상에서 마음껏 하나님의 진리를 대적하고 진리를 훼방하는 자가 있는가 하면 이런 불법의 세력을 막는 자가 있는 것입니다.

> "저는 대적하는 자라. 범사에 일컫는 하나님이나 숭배함을 받는 자 위에 뛰어나 자존하여 하나님 성전에 앉아 자기를 보여 하나님이라 하느니라"(4절).

이 말씀을 보면 이 '대적하는 자'가 어떤 자인지 알 수가 있습니다. 이 대적하는 자는 '범사에 일컫는 신' 즉 '보통 신'으로는 만족하지 못하고 또 보통으로 숭배 받는 것으로 만족하지 못하고 하나님의 성전에 앉아서 자기가 하나님이라는 것입니다. 여기서 '하나님의 성전'이 예루살렘에 있는 그 성전을 말하는지 아니면 다른 성전을 말하는지는 분명히 알 수 없습니다.

로마나 다른 왕 중에서 성전에 앉아서 자기가 하나님이라고 주장한 왕이 있었습니다. 로마 시대 폼페이 장군은 성전 안에 신을 신고 들어간 적이 있었습니다. 그러나 그는 자기 나름대로는 예의를 지킨다고 칼은 풀고 들어갔는데 유대인들로서는 이방인이 성전에 들어간 자체가 엄청난 신성모독이었던 것입니다. 로마 황제들

중에서는 예루살렘에 독수리 상을 가지고 들어가거나 주피터의 상을 세운 사람도 있습니다. 그러나 그리스도 오심으로 이미 예루살렘 성전은 그 가치를 상실하게 되었습니다.

　여기서 말하는 것은 하나님을 믿지 못하게 하고 자기를 숭배하게 하는 것을 말하는 것 같습니다. 즉 황제 상 앞에 분향하게 하는 것을 말하는 것 같습니다. 그러나 이런 불법의 사람만 있는 것이 아니라 이것을 막는 사람도 있습니다.

> "저로 하여금 저의 때에 나타나게 하려 하여 막는 것을 지금도 너희가 아나니 불법의 비밀이 이미 활동하였으나 지금 막는 자가 있어 그 중에서 옮길 때까지 하리라"(6-7절).

　우리가 여기서 알 수 있는 것은 마귀는 언제나 불법의 사람을 만들어내려고 하지만 그렇게 하지 못한다는 것입니다. 그리고 이런 불법의 사람이 활동하는 시기도 제한되어 있다는 것입니다. 그러면 이 불법의 사람을 '막는 자'는 누구를 말할까요? 아마도 눈에 보이지 않는 천사의 세력일 것이라고 믿어집니다.

　하나님께서는 언제든지 이런 악한 통치자나 이단들이 설치게 내버려두시는 것이 아니라 일정한 시기를 정하셔서 그 정하신 범위 안에서만 활동하게 하시는 것입니다. 그 이유는 이런 불법의 세력들을 가만히 내버려두면 너무나 많은 하나님의 백성들이 다치게 되기 때문입니다.

그래서 우리는 순교자의 숫자나 순교하는 사람도 대개 정해져 있다고 믿고 있습니다. 즉 아무나 순교하고 싶다고 해서 다 순교하는 것이 아니라 하나님께서 정해진 시대에 정해진 사람들이 순교를 하게 되는 것입니다. 그러나 천국에서는 순교의 영광보다 더 큰 영광은 없습니다. 이 세상에서는 가장 미련한 것이 순교를 당하는 것이지만 천국에서는 최고로 영광스러운 것이 순교입니다.

그러나 이 불법의 세력도 약점이 있습니다. 그것은 예수님 앞에서는 맥을 추지 못하는 것입니다.

"그 때에 불법한 자가 나타나리니 주 예수께서 그 입의 기운으로 저를 죽이시고 강림하여 나타나심으로 폐하시리라"(8절).

이것을 두 가지로 해석할 수 있습니다. 즉 하나는 '예수님의 입의 기운' 이라는 것을 복음을 의미하는 것입니다. 그래서 이 세상에서 일어나는 불법의 세력을 이길 수 있는 것은 오직 복음의 권세입니다. 우리가 복음을 마음껏 전하고 선포하면 불법의 세력들은 죽게 되어 있습니다. 이것이 예수님의 입의 기운으로 죽이는 것입니다.

그리고 또 하나의 해석은 정말 예수님이 오시기 직전에 이 엄청난 불법의 세력이 하나 나타난다고 보는 것입니다. 이것이 미친 정치권력자이든지 아니면 종교적인 이단이든지 무엇인가 굉장히 특출한 불법의 세력이 나타나서 온갖 못된 짓은 다 하고 결국 예수님에 의하여 심판 당하고 재림이 일어난다는 것입니다. 우리가 생각하기에는 어마어마한 악의 세력 중에 히틀러 같은 사람이 다시 등장할까 하는 생각이 듭니다. 히틀러는 그야말로 불법의 세력이었습니다. 그러나 히틀러가 망하고도 또 역사가 흘러가는 것을 보면 앞으로 더 지독한 불법의 사람이 나올 수도 있다고 보는 것입니다.

불법이 활동하는 이유

사탄의 세력도 놀라운 것은 이 사람들이 기적을 행하고 능력을 나타내는 것입니다. 그러니까 엄청나게 많은 사람들이 속고 열광을 하는 것입니다.

> "악한 자의 임함은 사탄의 역사를 따라 모든 능력과 표적과 거짓 기적과 불의의 모든 속임으로 멸망하는 자들에게 임하리니 이는 저희가 진리의 사랑을 받지 아니하여 구원함을 얻지 못함이니라"(9-10절).

사탄의 세력도 기적을 행하지만 중요한 것은 그 기적이 가짜일 때가 많다는 것입니다. 왜냐하면 사탄은 사람을 속이는 데는 천재이기 때문입니다.

옛날에 모세가 바로 앞에서 기적을 행할 때에도 애굽의 마술사들은 마술로 바로와 그 신하들을 속였습니다. 모세가 지팡이를 던져서 뱀을 만든 것은 진짜 기적이었습니다. 나무가 생물체가 된 것입니다. 그러나 마술사들은 지팡이를 던지는 것처럼 했지만 실제로는 뱀을 던져서 마치 지팡이가 뱀이 된 것처럼 사람들의 눈을 속였던 것입니다. 그러나 이단에게 속는 자체가 이미 멸망으로 가는 것입니다. 왜냐하면 하나님께서는 택한 백성들은 이단에 빠지지 않도록 지켜주시기 때문입니다. 혹시 잘못해서 이단에 일시적으로 빠질 수 있지만 바로 빠져 나오게 하십니다. 왜냐하면 이단들은 영혼을 도둑질하는 자들이기 때문입니다.

결국 하나님의 진리를 적극적으로 사랑하지 않는 자들은 모두 마귀의 미끼에 걸려서 멸망으로 갈 수 밖에 없습니다. 마귀가 세상에 지옥의 낚싯줄을 드리우고 있는데 그 미끼를 물지 않는 자신이 있겠습니까? 오직 적극적으로 진리를 사랑하는 자만이 그 미끼를 볼 수 가 있는 것입니다.

특히 하나님께서 이렇게 거짓 진리의 유혹을 내버려두시는 것은 교만한 자로 하여금 망하게 하시는 것입니다.

"이러므로 하나님이 유혹을 저의 가운데 역사하게 하사 거짓 것을 믿게 하심은 진리를 믿지 않고 불의를 좋아하는 모든 자로 심판을 받게 하려 하심이니라"(11-12절).

여기에도 같은 말씀이 나옵니다. 결국 진리를 믿지 않고 불의를 좋아하는 자는 결국 이단에 걸리든지 큰 죄에 걸리든지 걸리게 되어 있는 것입니다.

우리가 살아가고 있는 이 세상은 온통 마귀의 낚싯줄이 드리워져 있는 곳입니다. 세상에도 낚싯줄이 있고 우리 마음속에도 낚싯줄이 있습니다. 결국 우리가 진리를 사랑하지 않을 수 없는 것은 우리 자신을 믿을 수가 없기 때문입니다. 적극적으로 진리를 사랑하는 자만이 사탄의 미끼를 피할 수가 있습니다.

그러기에 우리에게 복음이 있다는 것이 얼마나 위대하고 영광스러운 일인지 모릅니다.

"주의 사랑하시는 형제들아 우리가 항상 너희를 위하여 마땅히 하나님께 감사할 것은 하나님이 처음부터 너희를 택하사 성령의 거룩하게 하심과 진리를 믿음으로 구원을 얻게 하심이니 이를 위하여 우리 복음으로 너희를 부르사 우리 주 예수 그리스도의 영광을 얻게 하려 하심이니라"(13-14절).

이 세상에서 가장 위대한 것은 하나님께서 복음으로 우리를 부르신 것입니다. 이것은 바로 성령의 거룩하게 하심이 동반되기 때문에 악한 마귀가 우리를 하나님의 손에서 빼앗아갈 수 없습니다. 우리는 이미 하나님의 백성으로 인침을 받은 자들입니다. 이미 우리는 구원을 받은 것이나 마찬가지입니다. 왜냐하면 이 말씀대로 따라가면 반드시 구원을 얻기 때문입니다.

우리가 알아야 할 것은 반드시 예수님은 다시 이 세상에 오실 것이며 예수님이 오심으로 인류 역사는 끝나게 될 것입니다. 그러니까 그 전에는 인류는 아무리 망하려고 해도 망할 수가 없는 것입니다. 이것이 얼마나 우리에게 든든한 힘이 되는지 모릅니다. 믿지 않는 자들에게도 이것은 큰 희소식입니다. 그러나 예수님이 오시면 모든 인간의 권력이나 특권은 반납이 되고 하나님의 무서운 심판이 있게 될 것입니다. 그때 하나님께서는 이 세상을 완전히 새롭게 하셔서 영원한 천국의 생활이 시작되게 하실 것입니다. 그때 우리는 모두 하나님의 어마어마한 복을 상속받게 될 것입니다.

08
믿음의 행진
살후 3:1-18

　운동 경기를 해 보면 한 사람이 열성적으로 하는 것보다는 팀이 협력을 해야 기동성이 있어 쉽게 경기를 이기게 되는 것을 보게 됩니다. 마찬가지로 우리가 하나님의 일을 할 때에도 혼자 힘으로 이리 저리 날뛰는 것보다는 전략을 가지고 서로 협력을 할 때 훨씬 더 효과적으로 일을 할 수 있는 것입니다.

　이런 점에서 함께 팀을 이루어서 복음 전도의 일을 잘 한 사람이 바로 사도 바울이었습니다. 사도 바울은 데살로니가 교인들에게도 자신의 이러이러한 일을 위하여 기도해 달라고 부탁을 하고 있습니다.

　사람이 어려운 일을 당하면 맥이 빠지게 되고 또 맥이 빠지면 행동이 느려지게 됩니다. 특히 우리는 사탄의 세력과 영적인 전쟁을 하고 있기 때문에 신앙적으로 맥이 빠지고 행동이 느려지는 것은 굉장히 좋지 못합니다. 만일 우리가 뒤로 처지게 되면 패잔병이 되게 되고 그렇게 되면 사탄의 세력에 의해서 공격을 당할 가능성이 높아지게 됩니다.

그래서 군인들이 이동할 때에 기동성이라는 것이 아주 중요합니다. 왜냐하면 군대가 빨리 움직이지 못하고 꾸물거리게 되면 잡을 수도 있는 적을 놓치게 될 뿐 아니라 자칫 잘못하면 자기편이 전멸을 당할 위험이 생기기 때문입니다. 로마 장군 중에서 군대의 기동성을 가장 중요하게 생각한 사람이 줄리어스 시저였습니다. 그래서 시저는 항상 적이 생각하는 것보다 군대를 더 빨리 움직여서 이기기 어려운 전쟁을 승리로 이끌곤 했습니다.

전쟁이라고 하는 것은 쳐들어오는 것을 막연히 기다렸다가 싸우는 것이 아닙니다. 전쟁 때에는 적도 움직이기 때문에 자기편도 움직이는데 어느 한 쪽이라도 더 빨리 움직이고 더 빨리 정보를 얻는 쪽이 유리한 자리를 차지하게 되는 것입니다.

데살로니가는 너무나도 신앙생활 하기에 어려운 곳이었습니다. 그래서 사도 바울도 데살로니가에서는 오직 3주 동안만 말씀을 전할 수 있었습니다. 데살로니가 사람들은 예수를 믿자 말자 많은 핍박과 환난을 당해야만 했습니다. 거기에다가 영지주의의 이단도 설쳤고 종말론의 소용돌이도 있었습니다. 또한 신앙적으로 말을 듣지 않는 '규모 없는 자들'이 많이 나타나서 믿음의 행진을 어렵게 만들고 있었습니다. 이 정도의 어려움을 계속 당하면 교인들의 신앙은 뒤로 쳐지거나 낙심하기 쉽습니다. 그러나 사도 바울은 군대에서 쓰는 용어를 사용하면서 데살로니가 교인들이 결코 뒤로 물러나서는 안 된다고 권면을 하고 있습니다. 오히려 사도 바울 자신을 위해서 기도해달라고 부탁하고 있습니다.

하나님의 말씀의 달음질

우리가 동물의 왕국 같은 것을 보면 사자나 표범이 얼룩말이나 사슴을 노릴 때 아주 빠르고 힘이 센 것은 잘 잡지 못하는 것을 보게 됩니다. 그 대신에 병이 들었거나 약해서 뒤로 쳐지는 것은 공격의 대상이 되는 것입니다. 마찬가지로 교인들이 성령 충만하고 자신감에 넘쳐 있을 때에는 사탄의 공격이 잘 먹혀 들어가지 않을 것입니다. 그러나 힘을 잃고 뒤로 처지게 되면 사탄의 공격 목표가 될 가능성이 많습니다. 이때 사도 바울은 그런 사람들을 뒤로 보내는 것이 아니라 복음의 최전선에 보내어 자신의 사역에 기도로 동참하게 함으로써 힘을 내게 하고 있습니다.

우리가 이 세상에서 사면이 다 막혔을 때 자주 잊어버리는 것이 있습니다. 그것은 아무리 사면이 막혀도 기도할 수 있는 하늘은 뚫려 있다는 사실입니다. 무엇보다 교인들을 가장 생기 있고 팔팔하게 만드는 것은 기도입니다. 기도하는 성도들은 영적으로 침체될 수가 없습니다. 그러기에 사도 바울은 데살로니가 교인들이 여러 가지 어려움으로 낙심하려고 하자 오히려 자기를 위해서 기도해 달라고 부탁을 하고 있습니다. 이것은 데살로니가 교인들을 복음의 최전선으로 끌어내는 것입니다.

전에 어떤 부인이 남편이 돌아가시고 오랫동안 낙심해 있을 때 한 교인이 자신이 하고 있는 봉사 활동에 그 부인을 나오게 해서 함께 봉사를 함으로서 남편을 잃은 슬픔에서 벗어나도록 하는 것을 본 적이 있습니다.

"종말로 형제들아 너희는 우리를 위하여 기도하기를 주의 말씀이 너희 가운데서와 같이 달음질하여 영광스럽게 되고"(1절).

여기서 사도 바울은 아주 이상한 표현을 쓰고 있습니다. 그것은 '주의 말씀이 달음질하도록' 기도를 해 달라는 것입니다. 이것은 사도 바울이 그 당시 데살로니가 가까운 곳에 있었던 고린도에서 2년마다 열렸던 이스투미아 운동 경기를 염두에 두고 말하는 것 같습니다. 옛날에 올림픽과 같은 경기가 지방마다 몇 개 있었는데 그 중에서도 유명한 경기가 '달리기 경주'였습니다. 달리기는 가장 빨리 달린 사람이 승리의 월계관을 쓰게 됩니다. 사도 바울은 하나님의 말씀이 달음질을 잘 해서 영광을 얻도록 기도를 해 달라고 부탁을 하고 있습니다. 그러면 과연 어떻게 해야 하나님의 말씀이 달음질을 잘 해서 승리의 월계관을 쓸 수 있을까요? 이것은 가장 효과적으로 복음을 전해서 가장 많은 영혼을 얻는 것이 결국 말씀의 달음질을 잘 하는 것입니다.

예수님께서는 복음 전하는 자들을 달란트 비유로 말씀하신 적이 있습니다.

주인이 종들에게 많은 돈을 맡기고 가면서 그 돈을 가지고 장사를 하라고 했습니다. 그랬더니 어떤 종은 정말 열심히 장사를 해서 몇 배를 남기는 종이 있었는가 하면 어떤 종은 장사를 하지 않고 아예 돈을 땅에 파묻어 둔 사람도 있었습니다. 결국 나중에 주인이 돌아와서 결산을 할 때 장사를 잘 한 종은 '착하고 충성된 종'이라고 하면서 주인으로부터 많은 칭찬과 상급을 받았습니다. 그러나 돈을 땅에 파묻어버리고 제대로 장사하지 않은 종은 바깥 어두운 데 쫓겨나서 슬피 울면서 이를 갈면서 있게 되는 것입니다.

장사하는 사람들은 이익을 남기기 위해서 정말 열심히 일을 하는 것을 볼 수 있습니다. 어떤 사람들은 새벽차로 와서 서울의 남대문 시장 같은데서 물건을 떼다가 장사를 하는 것을 보게 됩니다. 새벽에 어시장에 가보면 경매한 고기를 사서 팔려고 하는 장사들을 발견하게 됩니다. 장사하는 사람들의 특징은 매우 부지런하다는 것입니다. 물건을 떼오지도 않고 아무 것도 하지 않고 가만히 있는데 장사가 잘 될 리가 없습니다. 어떻게 해서든지 남들보다 좋은 물건을 싸게 사와서 팔아야 장사가 되는 것입니다. 그리고 장사하는 사람들은 어떻게 하든지 손님에게 친절해야 합니다. 손님을 기분 나쁘게 하는데 와서 물건을 살 사람들은 아무도 없을 것입니다. 거기에다가 장사를 잘 하려면 물건을 살만한 사람과 흥정을 해야지 전혀 물건을 사지도 않을 사람을 붙들고 아무리 흥정을 해봐야 소용이 없는 것입니다.

마찬가지로 복음을 전하는 사람들도 마치 장사하는 사람들처럼 가장 효과적으로 복음을 전할 수 있는 방법을 찾아야 하고 전략을 세워야 하는 것입니다.

제가 서울에서 목회를 할 때에는 청년들의 수련회를 찾아가는 것이 가장 효과적으로 복음을 전하는 길이었습니다. 청년들에게 일주일 정도 아침저녁으로 하나님의 말씀을 강하게 전하면 거의 대부분의 청년들이 확실하게 은혜를 받는 것을 볼 수 있습니다. 그렇게 하면 육체가 힘들어서 그렇지 사람을 얻는 데는 그 보다 더 효과적인 방법은 없는 것 같았습니다. 그런 식으로 하면 어떤 때는 한 해에 수천 명의 청년들이 은혜를 받고 힘을 얻는 것을 체험하기도 했습니다. 그러나 지금은 예전보다 큰 교회를 맡았기 때문에 전략이 수정되지 않을 수가 없었습니다. 이제는 찾아가지는 못하고 찾아오게 해서 부흥을 일으키는 수밖에 없게 되었습니다. 그 대신에 인터넷 설교라든지 책이라든지 방송을 통해서 복음을 전하고 있습니다. 그러나 예전 방식에 비해서는 확실히 사람을 얻는 데는 효과가 훨씬 떨어지는 것은 사실입니다.

사도 바울은 데살로니가 교인들에게 어떻게 해야 복음을 가장 효과적으로 전해서 경기에서 영광을 얻을 수 있는지 기도를 해 달라고 부탁하고 있습니다.

한때는 기존 교회에서 총동원 전도라고 해서 주위에 있는 많은 사람들을 교회로 초청하는 일을 대대적으로 하기도 했습니다. 물론 믿지 않는 사람들을 교회 안에 한번 데리고 와서 예배를 드리게 하는 일이 유익할 수도 있지만 거기에 드는 노력이나 물량에 비해서는 별로 효과가 있는 것 같지는 않습니다. 우리는 노방 전도를 하든지 혹은 교회에서 전도를 위한 간증 집회를 하든 성경적으로 옳은 방법을 사용해야 큰 효과를 거둘 수 있습니다.

그런데 사도 바울은 '주의 말씀이 너희 가운데서와 같이 달음질하여' 라고 말씀하고 있습니다. 즉 사도 바울은 자신이 데살로니가 교회에서 복음을 전한 것이 상당히 효과적이었다고 생각하고 있는 것입니다. 단 3주 동안 복음을 전하고 도망을 쳤는데도 사도 바울은 효과적이었다고 평가를 하고 있는 것입니다. 그러고 보면 사도 바울은 복음을 전하는데 있어서 대단히 효과적인 전략을 사용한 사람이었습니다. 사도 바울은 어느 곳에 복음을 전하든지 거점을 확보하는 것을 가장 중요하게 생각을 했습니다. 그래서 에베소 교회라든지 고린도 교회라든지 빌립보 교회라든지 일단 빨리 거점을 확보한 후에 그 거점에 감독을 세우고 지도자를 세운 후에 또 다른 곳으로 복음을 전했습니다.

아마 복음 전도 역사상 사도 바울처럼 넓은 지역에 효과적으로 복음을 전할 수 있었던 사람은 없을 것입니다. 특히 바울에게 중요한 선교 전략은 팀 선교와 제자 양육이었습니다. 바울은 이러한 선교 전략을 통해 많은 복음의 일군들을 만들어내었던 것입니다.

그래서 사탄의 입장에서 보면 자신이 우물쭈물하는 동안에 사도 바울에게 교회를 세울 수 있도록 거점을 다 빼앗긴 일이 너무나도 수두룩했던 것입니다. 그래서 데살로니가에서만큼은 사도 바울에게 절대로 기회를 빼앗기지 않으려고 거세게 공격을 했지만 데살로니가 교인들은 잘 막아내고 있었습니다.

영적인 복병

"또한 우리를 무리하고 악한 사람들에게서 건지옵소서 하라. 믿음은 모든 사람의 것이 아님이라. 주는 미쁘사 너희를 굳게 하시고 악한 자에게서 지키시리라"(2-3절).

군대가 행진을 하다보면 적을 만나지 않고 순조롭게 갈 때도 있지만 어떤 때에는 생각지도 못한 복병을 만나서 고전을 하게 될 때도 있습니다. 군대가 복병을 만나게 되면 더 이상 행진을 할 수가 없습니다. 그 복병을 이기지 못하면 한 발자국도 앞으로 나가지 못할 것입니다. 오히려 잘못하면 복병의 공격에 걸려서 전체가 전멸을 할 수도 있습니다. 사도 바울은 복음을 전하면서 전혀 예상치 못했던 복병을 만나서 고전을 면치 못했던 적이 많이 있었던 것 같습니다. 어떤 때는 복병을 만나서 매를 맞기도 하고 어떤 때는 감옥에 갇히기도 했습니다. 어떤 때는 복병 때문에 복음을 전하지 못하고 도망을 쳐야 할 때도 있었습니다.

우리가 하나님의 복음을 전할 때 미리 마음이 준비되어 있는 분들을 만나게 됩니다. 이 분들은 마치 스펀지가 물을 빨아들이듯이 말씀을 받아들이는 사람들인데 끝까지 복음에 있어서 신사적일 때가 많습니다. 그러나 어떤 때에는 지방의 유지나 혹은 권력을 가진 자들 중에서 강한 반대자들을 만나서 꼼짝도 하지 못하거나 피해야 할 때도 있었습니다.

사도 바울은 여기서 '무리하고 악한 자들'이라고 말하고 있습니다. 여기서 '무리하다'는 것은 더 이상 합법적인 대화로는 이야기가 되지 않고 억지나 폭력을 쓰는 사람들을 말합니다. 크리스천들이 가장 상대하기 어려운 사람들이 바로 이렇게 '무리하고 악한 사람들'입니다. 크리스천들은 모든 것을 말씀으로 하기 때문에 상대방과 대화를 나누는 것이 가장 좋습니다. 그러나 아무리 말을 해도 알아듣지 못하고 오히려 억지를 부리거나 폭력을 휘두르는 사람들은 어떻게 해 볼 도리가 없는 것입니다.

그러나 사도 바울은 이런 자들조차도 기도로 이길 수 있다고 생각해서 데살로니가 교인들에게 기도를 해달라고 부탁하고 있습니다. 기도하면 어떻게 될까요? 이상하게도 이 악한 자들이 악한 말을 덜하거나 혹은 다른 일에 정신을 쏟느라고 복음에 신경을 쓰지 못할 수가 있습니다. 그렇게 하기만 해도 복음을 전하는 데는 큰 도움이 되는 것입니다.

로마 시대를 보면 황제들 중에서 기독교인들을 핍박하려고 했지만 북방에서 야만족들이 침략하는 바람에 전혀 기독교에 대하여 신경을 쓰지 못해서 평화의 시대가 지속된 경우도 몇 차례 있었습니다.

구약 성경에도 사울이 다윗을 결정적인 순간에 죽이려고 했을 때 갑자기 블레셋 사람들이 쳐들어와서 다윗을 포기하고 간 경우가 있었습니다. 이렇게 되는 것이 무리하고 악한 자에게서 건짐을 받는 것입니다.

사도 바울은 복음을 전하면서 관리들이나 혹은 그 지방의 유지가 관리와 결탁이 되든지 해서 복음을 방해하거나 대적하는 경우를 많이 겪게 되었던 것 같습니다. 사도 바울은 이런 사람들에게서 건져달라고 기도를 부탁했습니다.

그런데 사도 바울은 이런 말을 합니다. 즉 '믿음은 모든 사람의 것이 아니라' 고 했습니다. 원래 사도 바울은 '하나님은 모든 사람이 믿고 구원받는데 이르기를 원한다' 는 입장이었습니다. 그러다가 이 '무리하고 악한 자들' 의 반대를 당하면서 입장이 변하게 된 것 같습니다.

사도 바울이 복음을 전하면서 보니까 사실 정확한 것은 아니지만 하나님의 택한 백성과 그렇지 않은 사람들이 대략 구별이 되었던 것 같습니다. 어떤 사람들은 처음부터 열성적으로 복음을 믿고 하나님의 백성이 되는가 하면 어떤 사람들은 처음부터 죽으라고 복음을 반대하면서 믿지 않았던 것입니다. 사도 바울이 처음에는 한 사람이라도 빼놓지 않고 모두 다 전도하려고 했고 아무리 대적하는 사람이라 하더라도 그 영혼이 불쌍해서 할 수만 있으면 예수 믿게 하려고 했는데 나중에는 이런 생각을 버리게 된 것 같습니다. 그래서 복음을 지나치게 반대하는 유대인들은 포기하고 아예 이방인들에게 돌아서서 복음을 전했습니다. 그 결과 훨씬 더 효과적으로 복음을 전할 수 있게 되었습니다.

우리 생각으로는 자신의 일가친척이나 가족을 먼저 전도한 후에 다른 사람들에게 전도를 하면 참 좋을 것입니다. 그러나 자기 가족이나 친척이 너무나도 완강하게 복음을 거부하고 믿지 않으려고 할 때에는 아무리 자기 가족이나 친척이라 하더라도 좀 내려놓고 믿으려고 하는 사람들 위주로 전하는 것이 더 효과적인 것입니다.

사도 바울은 데살로니가 교인들도 이런 대적하는 자들로부터 지켜질 것이라고 위로를 하고 있습니다. 그 이유는 주님은 살아계시기에 환난 당한 주님의 자녀들을 능히 지켜주실 것이기 때문입니다.

그러기에 고난을 당하게 되면 우리는 하나님의 말씀을 붙들고 열심히 기도해야 합니다. 그러면 사람의 눈에는 보이지 않는 보호망이 쳐지게 됩니다. 사탄의 세력이 그 안으로는 절대로 들어오지 못할 것입니다. 그래서 우리가 살 수 있는 길은 죽으라고 기도하고 말씀을 붙드는 것 밖에 없습니다. 그러면 우리는 능히 살게 되어 있는데 낙심하고 침체되어 있으면 예상치 못했던 사탄의 공격 한 방으로 치명타를 입게 되는 것입니다.

> "너희에게 대하여는 우리의 명한 것을 너희가 행하고 또 행할 줄을 우리가 주 안에서 확신하노니"(4절).

사도 바울은 데살로니가 교인들에게 명령한 것이 있었습니다. 그것이 무엇일까요? 그것은 영적으로 깨어 있어 기도하라는 것입니다. 사도 바울은 데살로니가 교인들이 영적으로 승리할 줄 확신한다고 했습니다. 그 이유는 그들이 기도하기 때문입니다. 우리는 사탄과 영적인 전쟁을 하기 때문에 기도가 없으면 부흥의 불길도 꺼지게 되고 기도가 없으면 이상하게 힘을 낼 수가 없습니다. 그러므로 우리는 목숨을 걸고 기도해야 합니다.

규모 없는 자들에 대한 경고

> "형제들아 우리 주 예수 그리스도의 이름으로 너희를 명하노니 규모 없이 행하고 우리에게 받은 유전대로 행하지 아니하는 모든 형제에게서 떠나라"(6절).

여기서 문제가 되는 것은 본문에 나오는 '규모 없는 자들'입니다. 이들은 과연 어떤 사람들일까요? 우선 '규모 없다'는 말은 헬라어로 '아탁투스'라고 하는데 '행렬에서 떠났다'는 뜻입니다. 군대에서 군인들이 행진을 하는데 자기 마음대로 행렬에서 이탈해버린다든지 혹은 부대를 이탈해버리는 것은 탈영을 하는 것입니다. 군대에서는 자기 멋대로 행렬을 이탈해버린다든지 혹은 부대를 이탈해버렸을 때 군법회의에 넘겨서 처벌을 받게 합니다.

마찬가지로 교회는 하나님의 말씀을 가지고 양떼들을 인도하는 곳입니다. 그래서 교인들에게 가장 중요한 것은 하나님의 말씀에 순종하는 것입니다. 그러나 교인들 중에는 바른 하나님의 말씀을 거부하고 다른 소리를 따라가는 자들이 있습니다. 그것이 바로 영적으로 무단이탈을 하는 것입니다. 대개 데살로니가에 있었던 영적인 이탈자들은 생활을 대단히 무질서하게 하고 언제나 물의를 일으키는 자들이었습니다.

여기에 보면 '우리의 유전' 이라는 것이 나옵니다. 이 말을 달리 해석하면 이때 이미 교회에서는 바른 성경적인 가르침이 전해지고 있었다는 것입니다. 그런데 이런 성경적 가르침보다는 이상하게 다른데서 무엇을 배우거나 자기 생각이 절대로 옳다고 고집을 하고 말을 잘 듣지 않는 사람들이 있었던 것입니다. 목회를 하면서 가장 힘든 것은 본인이 성경적인 가르침을 받아들이지 않으면 다른 제재할 수 있는 방법이 없다는 것입니다. 그럴 때에는 어쩔 수 없이 그 사람을 교회에서 내어보내는 수밖에 없는 것입니다. 그것은 다른 약한 사람을 보호하기 위해서 어쩔 수가 없습니다.

교회라고 해서 아무리 잘못된 행동을 하고 남에게 피해를 주어도 무조건 참고 인내만 해야 하는 것은 아닌 것입니다. 하나님의 말씀이 아닌 다른 것을 가지고 와서 무질서하게 행동을 할 때에는 어쩔 수 없이 내어보내어야 하는 것입니다.

이 규모 없는 자들에게 가장 심각했던 문제는 일은 하지 않고 남에게 기대에 사는 것이었습니다. 이 사람들은 자기들은 기도를 하는 사람이며 하나님의 말씀을 듣는 사람이라는 핑계를 대면서 남의 집에서 몇 달이나 몇 년씩 살면서 공짜로 음식을 먹으면서 피해를 주는 것이었습니다.

그래서 사도 바울은 이렇게까지 말을 합니다.

"우리가 너희와 함께 있을 때에도 너희에게 명하기를 누구든지 일하기 싫어하거든 먹지도 말게 하라 하였더니"(10절).

성경적인 가르침은 절대로 노동을 천시하지 않습니다. 우리 믿는 자들은 죄를 짓는 일을 제외하고 무슨 일이든지 할 수 있습니다. 그야말로 직업에는 귀천이 없는 것입니다. 여기서 정통 신앙과 조금 빗나간 신앙의 차이점을 볼 수 있습니다.

정통 신앙의 특징은 정상적인 직장생활과 가정생활을 아주 중요하게 생각을 합니다. 단지 돈을 얼마나 많이 버는가 혹은 그 직책이 높으냐 낮으냐 하는 것은 둘째 문제입니다. 중요한 것은 일을 해서 자기 손으로 먹고산다는 것입니다. 그러나 조금 빗나간 신앙은 육체적인 것을 천시하고 자꾸 은혜만 받으려고 합니다. 그래서 일을 하지 않으려고 하고 남에게 공짜만 바라고 계속 놀고먹으려고 하는데 이것은 진정으로 은혜 받은 것이 아닌 것입니다.

어떤 사람들은 아예 이 세상에서 직장 생활하고 가정 생활하기 귀찮으니까 일부러 더 신앙적으로 치우치려고 하는 경우도 있는데 그렇게 하지 못하게 가르쳐야 하는 것입니다.

"우리가 들은즉 너희 가운데 규모 없이 행하여 도무지 일하지 아니하고 일만 만드는 자들이 있다 하니 이런 자들에게 우리가 명하고 주 예수 그리스도 안에서 권하기를 종용히 일하여 자기 양식을 먹으라 하노라"(11-12절).

도무지 생활에 규율이나 규칙 없이 되는대로 사는 자들이 있었습니다. 이 사람들은 또 남의 일에는 자기 나름대로는 가르친다고 하면서 물의를 많이 일으키고 있었습니다. 사도 바울은 이런 사람들에게 종용하라고 했습니다. 즉 괜히 무엇인가 아는 체 해서 남의 신앙을 건드리지 말고 자기 일이나 제대로 하라는 것입니다.

그러기에 바른 신앙은 너무 한쪽으로 치우치지 않는 균형이 잡힌 신앙입니다. 기도나 전도나 무엇이든지 한쪽으로 너무 치우친 것은 잘못될 가능성이 많습니다. 그런 까닭에 정상적인 예배에서 은혜를 받고 정상적인 설교를 통해서 성령의 충만을 체험하는 것이 중요합니다.

특히 13절에서 사도 바울은 바른 성경적인 신앙을 가지고 나가는데 결과가 빨리 나타나지 않는다고 해서 실망하지 말라고 말씀하고 있습니다.

"형제들아 너희는 선을 행하다가 낙심치 말라"(13절).

　우리가 바른 신앙을 가지고 신앙 생활하는데도 불구하고 부흥도 오지 않고 축복도 오지 않고 기도응답도 오지 않으면 맥이 빠지기 쉽습니다. 우리가 이럴 때 어떻게 해야 다른 유혹에 빠지지 않을 수 있을까요? 이러한 상황에서는 우리가 목표를 어떤 가시적인 결과에 두지 말고 하나님의 말씀을 알아가고 밝혀 가는데 두어야 합니다. 왜냐하면 하나님의 일은 조급해 한다고 해서 빨리 되는 것도 아니고 내가 열정을 쏟는다고 해서 빨리 좋은 결과가 나타나는 것도 아니기 때문입니다. 우리는 하나님의 때를 기다려야 합니다. 그러면 신실하신 하나님은 인내하면서 하나님의 말씀을 지키는 우리를 축복해 주실 것입니다. 즉 우리가 바른 말씀을 가지고 믿음 생활을 충실히 하면 하나님의 놀라운 축복이 예비되어 있다는 것입니다.

"평강의 주께서 친히 때마다 일마다 너희에게 평강을 주시기를 원하노라. 주는 너희 모든 사람과 함께 하실지어다"(16절).

　우리가 하나님의 말씀을 붙들고 살 때 분명한 것은 평강의 주님께서 함께 하신다는 것입니다. 일단 어떤 일을 하면서 마음속에 갈등이나 불안이 없이 평안한 것입니다. 그것을 통해서 우리는 주님이 나와 함께 하신다는 것을 느낄 수가 있습니다. 그런데 대단한 일을 하는 것은 아니지만 무슨 일을 하든지 언제든지 주님이 주시는 평강이 마음속에 있는 것입니다. 그래서 우리는 큰 갈등 없이 두려움 없이 일을 하게 됩니다. 이것이 바로 목자가 우리의 삶을 인도하고 있다는 증거인 것입니다. 주님이 우리를 인도하시면 우리는 두려움이 없습니다. 당장 눈앞에 보이는 결과는 없어도 우리는 언젠가는 바른 곳에 가있게 된다는 것을 믿기 때문입니다. 이제는 우리가 주님을 끌고 가려고 하지 말고 주님이 우리를 인도하시는 삶이 이루어지기를 바랍니다.

Beautiful Bringing up

2부

요한 이서·삼서 강해

01
진리를 회복하라
요이 1:1-13

    저희 집 아이가 어렸을 때 동네에 있는 어린이 유아원을 다녔습니다. 그런데 우리 집 아이가 자신의 선생님을 좋아했습니다. 어느 날 아이들이 선생님과 함께 동물원에 구경을 갔다 왔습니다. 그러더니 저희 집 아이는 선생님이 가르친 것을 열심히 저희 부모에게 설명을 하기 시작했습니다. 즉 선생님께서는 동물원에 있는 그 원숭이가 발전해서 사람이 되었다는 것입니다. 그래서 저는 깜짝 놀라서 정색을 하면서 저희 집 아이에게 그것은 선생님이 잘못 가르친 것이라고 윽박지르듯이 말을 했습니다. 그랬더니 저희 집 아이는 더 이상 저와 그 이야기를 하지 않으려고 했습니다. 왜냐하면 아이는 자기가 좋아하는 선생님이 틀렸다고 생각하는 것을 싫어했습니다. 그래서 더 이상 아빠와는 그 문제를 두고 대화를 하지 않으려고 했습니다.

어린아이들이나 청소년들은 어떤 새로운 사실을 받아들일 때 그것을 다 분석해 보고 받아들이는 것이 아닙니다. 자기가 좋아하는 사람이 이야기하는 것은 거의 무비판적으로 받아들이는 것입니다. 그러기에 어린아이나 청소년들은 좋은 선생님을 만나는 것이 매우 중요합니다. 왜냐하면 때로는 자신이 좋아하는 한 선생이 이들의 장래를 좌지우지 할 수 있기 때문입니다.

씨, 에스, 루이스는 자기가 무신론자가 된 계기 중의 하나가 중학교 때 만났던 여선생님의 영향이 있었다고 말을 했습니다. 즉 자기가 처음으로 좋아했던 여선생님이 있었는데 그 여선생님의 사상이 무신론적이었고 거기서 한 걸음 더 나아가서 미신적이었는데 그 영향으로 자기도 모르는 사이에 무신론자가 되고 말았다는 것입니다.

대개 신앙을 가진 사람들은 하나님과 진리에 대하여 알고자 하는 열렬한 희망이 있습니다. 그런데 기독교의 진리의 특징은 많은 부분들이 계명으로 되어 있습니다. 여기서 계명이라고 하는 것은 어떻게 이 세상에서 믿음으로 살아야 하느냐 하는 것을 말씀하고 있는 것입니다. 우리 신앙의 중요한 특징은 교리와 실천입니다. 즉 예수님을 통하여 우리에게 이루어진 사실은 무엇이며 그것을 기초로 해서 우리가 어떻게 살아야 하느냐 하는 것입니다.

그러나 사람들은 이런 계명보다 좀 더 철학적이고 신비적인 것을 알고자 하는 종교적인 욕망이 있습니다. 즉 좀 더 무엇인가 고차원적인 진리를 알고 싶은 것입니다. 이런 욕망에 맞는 사상이 바로 영지주의였습니다.

우리가 '영지'라는 말에서 알 수 있는 것과 같이 이 신앙은 '영적인 지식'을 다루는 것이었습니다. 즉 기독교같이 우리에게 되어진 일이나 우리가 실천해야 하는 것이 아니라 굉장히 고차원적인 영적인 진리를 가르쳐주는 것이었습니다.

요한이서는 사도 요한이 어떤 신앙이 좋았던 여자 신도에게 보내는 편지로 되어 있습니다. 여기에 보면 '장로는'이라고 되어 있는데 이 장로가 대개 요한복음을 쓴 제자 요한일 것이라고 생각을 합니다. 어떤 사람은 에베소에 요한이라는 이름을 가진 사람이 두 명이 있었는데 한 사람은 사도 요한이었고 다른 한 사람은 장로 요한이라고 주장을 하기도 합니다. 그러나 많은 경우에 제자 요한과 장로 요한은 같은 사람일 것이라고 생각을 합니다.

이 요한이서를 받는 사람은 '택하심을 입은 부녀와 그의 자녀'라고 했는데 누구인지 구체적으로 알 수 없지만 아마 처음에 복음을 듣고 순수하고 아름다운 신앙생활을 하다가 영지주의라는 이단과 만나면서 장로 요한과는 거리가 멀어져버리게 된 여성이었던 것 같습니다. 즉 처음에는 아주 순수한 신앙을 소유하고 있었는데 다른 가르침을 접하면서 장로 요한과는 자꾸 거리를 두기 시작하고 지금까지 배워왔던 신앙은 소홀히 하는 단계에 있었던 것 같습니다.

그러나 요한은 이 부인을 워낙 잘 알았고 친했기 때문에 이 사랑과 신뢰에 찬 서신을 보내면서 영지주의를 버리고 옛날의 사랑과 신앙을 회복하자고 권면을 하고 있는 것입니다.

사랑의 편지의 필요성

우리가 아무리 친한 사람이라 하더라도 서로 오해하고 있거나 감정이 틀어져 있을 때에는 대화가 잘 되지 않습니다. 왜냐하면 막상 얼굴을 대하면 답답해서 화가 나거나 흥분이 되어서 생각하지도 못한 엉뚱한 말로 더 감정이 악화될 때가 많기 때문입니다. 사람의 감정이라고 하는 것은 상대적이기 때문에 한쪽에서 흥분을 해서 잘못을 지적하거나 비난을 하게 되면 자신도 방어를 하기 위해서 소리를 지르거나 더 화를 내게 됩니다. 특히 자기 생각이 옳은 것 같은데 상대방을 이길 수 없을 것 같을 때에는 대화를 피하게 됩니다. 이때 우리가 사용할 수 있는 방법이 내 마음을 솔직하게 글로 써서 편지로 보내는 것입니다. 편지는 읽는다고 해서 당장 감정이 흥분되거나 화를 내는 것은 아니기 때문에 비교적 끝까지 읽게 되고 그래서 상대방에게 나의 생각이나 나의 상태를 비교적 알릴 수가 있는 것입니다.

예를 들어 제자가 정신적으로 방황하고 있는데 자꾸 대화를 피하려고 할 때 혹은 자녀에게 무슨 문제가 있는 것 같은데 대화를 하려고 하면 반항적으로 나올 때 내 생각을 편지로 솔직하게 적어서 보내면 의사가 전달될 수 있는 것입니다. 그래서 요한 장로는 지금 바른 신앙에서 벗어나고 있는 어떤 부인과 그의 자녀들에게 이런 사랑의 편지를 보내고 있습니다.

> "장로는 택하심을 입은 부녀와 그의 자녀에게 편지하노니 내가 참으로 사랑하는 자요 나뿐 아니라 진리를 아는 모든 자도 그리하는 것은 우리 안에 거하여 영원히 우리와 함께할 진리를 인함이로다"(1-2절).

여기서 일단 전제가 되는 것은 한때 장로 요한과 이 부인이 아주 서로 가까웠고 신뢰하는 관계였어야 한다는 것입니다. 다행히도 예전에는 요한과 이 가정은 아주 가까웠던 관계였던 것 같습니다. 별로 친하지도 않고 잘 모르는 사이인데 이런 편지를 쓰는 것은 별로 효과가 없습니다.

사실 예전에는 신앙 안에서 이 부인과 사도 요한은 아주 가까웠습니다. 하지만 이 부인이 이단의 영향을 받게 되면서 요한과 조금씩 멀어지게 된 것입니다. 이 사실이 장로 요한의 마음을 너무 아프게 했습니다. 그러나 만나려고 해도 이 부인은 설득 당하기 싫으니까 요한을 만나는 것을 피하고 또 막상 만난다 하더라도 사랑하기 때문에 답답해서 서로 얼굴만 붉히면서 상처를 주고 끝날 가능성도 많았습니다.

그래서 요한은 이 부인과 자녀들에게 편지를 써서 '내가 참으로 사랑하는 자' 라고 말을 하고 있습니다. 이것은 굉장히 중요합니다. 우리가 다른 사람에게 어떤 충고를 할 때 그 사람을 진심으로 사랑하는 것이 중요합니다. 왜냐하면 사랑하지 않는 사람의 충고는 아무리 이야기를 해도 귀에 들어오지 않기 때문입니다. 우리는 어떤 사람의 잘못을 충고해줄 때 내가 그 사람을 얼마나 사랑하는지 수십 번 확인시킨 후에 조심스럽게 이야기를 꺼내는 것이 중요합니다. 왜냐하면 너무나도 많은 사람들이 자기 마음에 들지 않는다고 일방적으로 도매금으로 공격을 퍼붓는 경우가 많기 때문입니다. 그럴 때는 아무리 이야기를 해도 귀에 들어오지 않고 편지를 써도 첫줄만 읽고는 그대로 쓰레기통에 넣어버리는 것입니다.

잘못된 길에 빠져들고 있는 아이를 돌아오게 할 때 내가 그 아이를 얼마나 사랑하며 얼마나 신뢰하고 있는지 먼저 이야기를 많이 해 주어야 합니다. 왜냐하면 무조건 야단만 치면 반발심으로 더 못된 길로 빠져들기 때문입니다.

이것은 이단에 빠진 사람도 마찬가지입니다. 기독교가 이단보다 더 강한 것은 잘못된 길로 빠져 들어간 사람을 구원하려는 진실한 사랑이 있기 때문입니다. 죄인을 사랑할 수 없는 기독교라고 하면 한 사람도 설득하여 구원할 수 없습니다.

아마도 이 부인과 아이들은 자기들이 교회도 잘 나가지 않고 다른 모임에 빠져들고 있기 때문에 요한이나 다른 교인들이 자기들을 굉장히 미워할 것이라고 생각하고 있었던 것 같습니다. 그러나 요한은 내가 가장 사랑하는 부녀요 진리를 아는 모든 사람들도 다 너를 그렇게 사랑하고 있다고 말을 하고 있습니다. 그 이유는 당신의 상태를 떠나서 우리는 너를 변함없이 사랑하고 있다는 뜻입니다. 이때 이 부인은 안심이 되면서 마음을 조금 열게 됩니다. 그런데 여기서 요한은 교인들을 '진리를 아는 모든 자들'이라고 말을 하고 있습니다. 이것은 다분히 영지주의자들을 의식하고 한 말입니다. 영지주의자들은 진정한 진리를 아는 자들은 자기들밖에 없다고 주장을 했습니다. 그러나 요한은 성경이야말로 유일한 진리이며 성경을 아는 자들이 진정으로 진리를 아는 자들이라고 말씀하고 있는 것입니다.

그러면서 '우리 안에 거하여 영원히 우리와 함께 할 진리를 인함이라'고 말씀하고 있습니다. 물론 요한과 성도들은 이 부인과 자녀들을 진정으로 사랑하고 있습니다. 이것은 어디까지나 인간적인 사랑일 뿐입니다. 그러나 이 사랑이 영속적인 사랑이 되려고 하면 이 부인이 진리의 말씀 안으로 들어와야 하는 것입니다. 왜냐하면 우리를 진정 하나 되게 하는 것은 하나님의 진리이기 때문입니다. 하나님의 진리가 없으면 우리는 결코 하나가 될 수 없습니다. 모든 그리스도인들을 하나 되게 하는 것은 하나님의 말씀입니다.

그러나 다른 진리는 이미 우리를 하나 될 수 없게 만듭니다. 왜냐하면 자기들의 지식을 가지지 않은 자는 자기들보다 열등하다고 가르치기 때문입니다.

"은혜와 긍휼과 평강이 하나님 아버지와 아버지의 아들 예수 그리스도께로부터 진리와 사랑 가운데서 우리와 함께 있으리라" (3절).

진정한 기독교의 사랑은 진리와 함께 있는 것입니다. 우리는 진리 때문에 서로를 사랑합니다. 결국 진리가 깨어지면 교만이 들어오기 때문에 우리는 결코 서로 사랑할 수 없게 됩니다.

요한은 진리를 떠나려고 하고 있는 어떤 여자 성도를 향하여 우리는 너희를 여전히 사랑하고 있다고 말하고 있습니다. 그리고 이 사랑이 영구적인 사랑이 되려면 그가 성경적인 진리 안에 들어와야 한다고 말씀하고 있습니다.

아마 이 여자 분의 마음을 가장 흔든 것은 변함없는 사랑이었을 것입니다. 결국 사람을 돌아오게 하는 것은 어떤 이론보다는 사랑입니다. 사랑하는 사람이 있기 때문에 그 진리로 돌아오게 되는 것입니다.

하나님의 계명

요한은 영지주의자들이 주장하는 지식에 대하여 '계명'이라는 말을 사용하고 있습니다.

> "너의 자녀 중에 우리가 아버지께 받은 계명대로 진리에 행하는
> 자를 내가 보니 심히 기쁘도다"(4절).

이것을 보니까 이 부인의 자녀 중에서 일부는 여전히 옛날 그 신앙을 그대로 고수하고 있는 자녀도 있었던 것 같습니다. 그리고 이 부인과 다른 자녀들도 완전히 영지주의에 빠진 것은 아닌 것 같고 지금 조금씩 빠져들고 있는 중에 있었던 것 같습니다.

여기서 요한은 '하나님께 받은 계명'이라는 말을 사용하고 있습니다. 여기서 이 '계명'이라고 하는 것은 하나님께서 우리의 구원을 위하여 일방적으로 주신 말씀을 말합니다. 영지주의자들이나 다른 종교를 가진 자들은 구원을 자신들이 하나님을 찾아가는 과정이라고 생각합니다. 그래서 무엇인가 남들이 가지지 않는 지식을 가지는 것이 구원에 더 가깝다고 믿는 것입니다. 그러나 하나님은 그렇게 하시지 않으십니다. 곧 하나님의 말씀을 믿는 자는 단번에 구원을 얻게 하십니다. 그리고 나서는 구원을 받는 자로서 이 세상을 하나님의 뜻대로 살아가기만 하면 되는 것입니다. 우리는 이 세상에서 구원을 받기 위하여 몸부림치는 것이 아니라 하나님의 계명을 우리의 기초로 놓고 그 위에 서서 새로운 삶을 사는 것입니다. 당시 영지주의자들의 '지식'은 굉장히 위험한 것이었습니다. 왜냐하면 이미 구원받은 자들의 구원의 기초를 빼내어가는 것이기 때문입니다. 그런데 사람은 이상하게도 하나님께서 우리에게 구원을 주신 것을 좋아하지 않습니다. 사람은 스스로 구원의 진리

를 찾으려고 합니다.

그러나 구원은 우리가 얼마나 고민을 했고 몸부림을 쳤느냐로 받는 것이 아닙니다. 구원은 하나님의 선물이며 오직 그리스도를 생명의 주로 믿음으로 받는 것입니다.

여기서 장로 요한은 이 부인에게 담대하게 이렇게 권면을 합니다.

> "부녀여, 내가 이제 네게 구하노니 서로 사랑하자. 이는 새 계명 같이 네게 쓰는 것이 아니요 오직 처음부터 우리가 가진 것이라"(5절).

여기서 '부녀여 우리가 서로 사랑하자'는 것은 다른 사랑을 말하는 것이 아닙니다. 지금까지 이 부인과는 영적인 교제가 단절된 상태에 있었던 것입니다. 즉 좋지 못한 가르침이 들어와서 서로가 예전처럼 가깝지 않고 멀어지게 된 것입니다. 그래서 더 이상 이런 식으로 서로 멀리하지 말고 이번 기회에 과감하게 신앙으로 하나가 되자는 것입니다. 아마 옛날에는 이 부인이 교회에 아주 충성되었던 것 같고 요한과도 아주 가까웠던 것 같은데 이번에 다시 그런 믿음을 되찾자는 것입니다.

새로운 지식의 가르침은 우리의 호기심을 자극하고 신비하기도 합니다. 특히 처음에는 성경에 없는 것을 많이 가르쳐주고 또 철학적이고 신비적이기 때문에 굉장한 자부심과 영적인 짜릿함을 줄 것입니다. 그러나 이것은 시간이 흐르면 흐를수록 끝이 없습니다. 한 단계를 따라가면 또 다음 단계가 있고 다음 단계를 가면 또 다음 단계가 있습니다. 자꾸 따라가다 보면 어떻게 됩니까? 영적인 평안이 없어집니다. 특히 이런 가르침에는 사랑이 없습니다. 사람을 잠시도 편안하게 놓아주지 않습니다. 계속 사람을 몰아붙여서 자꾸 배우게 만드는 것입니다. 그래서 무엇인가 많은 것을 배운 것 같은데 마음속에는 사랑과 기쁨과 감사는 없어지고 마는 것입니다. 이때 요한이 편지를 보내어서 '사랑을 되찾자'는 말에 크게 공감하지 않을 수가 없는 것입니다. 이 세상에서 하나님의 말씀보다 더 사랑과 평안이 가득 차 있는 진리는 없습니다. 하나님은 우리를 있는 그대로 사랑하시며 잔잔한 물가로 인도하시는 것입니다.

"사랑은 이것이니 우리가 그 계명을 좇아 행하는 것이요"(6절).

우리가 하나님의 말씀을 배우고 그대로 사는 것이 하나님의 사랑 안에서 사는 것입니다. 성경 말씀은 하나님의 사랑의 편지이기 때문입니다. 성경대로 살면 하나님의 사랑이 우리 안에 넘쳐나게 됩니다.

영지주의의 정체

요한은 이제 여기서 이 부인에게 영지주의가 무엇이 잘못되었는지 분명히 지적합니다.

> "미혹하는 자가 많이 세상에 나왔나니 이는 예수 그리스도께서 육체로 임하심을 부인하는 자라. 이것이 미혹하는 자요 적그리스도니"(7절).

영지주의는 그리스 철학에서 나온 것입니다. 그리스 철학자들은 사람을 이분법으로 나누어서 영혼은 거룩하고 육체는 악하고 부정하다고 주장했습니다. 또한 육체는 영혼의 감옥이며 육체를 벗는 것이 영생하는 것이라고 주장을 했습니다.

사실 우리는 영지주의자들이나 그리스 철학자들이 고민한 것은 이해를 할 수 있습니다. 왜냐하면 우리 인간의 육체는 티끌로 만들어졌는데 그 안의 영혼은 하나님의 형상으로 만들어졌기 때문입니다. 그래서 인간들은 하나님의 형상과 인간의 육체적 욕구사이의 갈등을 영원히 겪을 수밖에 없습니다. 그 사이에서 영지주의는 자꾸 어떤 지적인 발견으로 나가려고 한 것입니다. 불교에서 '해탈'을 하려고 하는 것처럼 그들은 신비적인 지식을 자꾸 배워야 육체의 정욕을 떨쳐버리고 영생할 수 있다는 것입니다.

이런 입장에서는 하나님의 아들이 육체로 이 세상에 오셨다는 것을 그들은 도저히 인정할 수가 없었습니다. 그리고 예수님께서 다시 육체로 부활하셨다는 것도 인정할 수가 없었습니다. 그러나 하나님의 진리에서 가장 중요한 것은 하나님이 우리에게 몸을 주셨다는 것입니다. 하나님께서는 우리의 영혼만 구원하시는 것이 아니라 우리의 몸까지 다 구원하시는 것입니다.

우리가 영혼과 육체의 갈등을 겪는 것은 사실이지만 우리가 하나님의 말씀을 배우고 순종할 때 우리 몸은 어마어마한 축복의 도구로 변한다는 사실입니다. 이것을 영지주의자들은 알지 못했습니다. 그들은 우리의 육체가 정욕이나 채우고 죄나 짓는 줄로만 생각하고 부정했지만 우리에게 성령이 임하면 우리 몸은 하나님께 영광을 돌리는 가장 중요한 수단이 되는 것입니다. 우리에게는 몸을 가졌다는 것보다 더 놀라운 축복은 없습니다. 우리는 몸이 있기 때문에 찬양을 하고 몸이 있기 때문에 봉사를 하는 것입니다.

그렇다면 만일 신자들이 영지주의를 받아들이면 어떻게 될까요?

"너희는 너희를 삼가 우리의 일한 것을 잃지 말고 오직 온전한 상을 얻으라"(8절).

영지주의는 하나님의 상을 다 빼앗아가버립니다. 왜냐하면 우리의 구원은 몸으로 하나님을 찬양하고 영광 돌려드리는 것인데 몸으로는 아무 것도 하지 않고 정신만 수도를 하기 때문입니다. 우리가 몸으로 말씀대로 살지 않고 머리만 자꾸 키우면 우리는 상이 없습니다.

그리고 더 심각한 것이 있습니다.

"지내쳐 그리스도 교훈 안에 거하지 아니하는 자마다 하나님을 모시지 못하되 교훈 안에 거하는 이 사람이 아버지와 아들을 모시느니라"(9절).

우리의 신앙은 너무 머리로 치우쳐도 안 되고 너무 율법적으로 치우쳐도 안 됩니다. 우리는 말씀과 생활에 균형을 잘 잡아야 하나님을 우리 가운데 모실 수 있습니다. 그러기에 우리는 너무 신비주의에 치우쳐도 안 되고 너무 율법주의에 치우쳐도 안 됩니다. 우리의 신앙은 정확하게 하나님이 원하시는 말씀에 따라 맞추어야 하는 것입니다.

이것이 사실이라면 이 부인이나 영지주의를 가까이 하는 분들을 어떻게 해야 할까요? 결단을 내려서 영지주의자들의 출입을 막아야 하는 것입니다. 그래서 요한은 이런 교훈을 가진 사람들이 집에 왔을 때 집안에 들이지도 말고 인사도 하지 말라고 했습니다. 완전히 관계를 끊어버리라는 것입니다.

어떤 사람들은 이단과 논쟁을 해서 이겨야 한다고 생각하는 분들도 있는데 그것은 공연한 시간 낭비입니다. 이단은 이미 한쪽으로 치우쳐버렸습니다. 이런 사람을 바로 잡는데 보통의 지식이나 신앙으로는 대단히 어렵습니다.

　요한은 이 정도의 서신으로 이 부인이 충분히 돌아올 것으로 확신을 했습니다. 그래서 이제는 얼굴을 대면해서 보자고 말을 하고 있습니다.

"내가 너희에게 쓸 것이 많으나 종이와 먹으로 쓰기를 원치 아니하고 오히려 너희에게 가서 면대하여 말하려 하니 이는 너희 기쁨을 충만케 하려 함이라"(12절).

　사람들이 자라다 보면 처음부터 끝까지 똑바로 자라는 사람이 있는가 하면 조금씩 옆으로 가기도 하면서 자라는 사람들도 있습니다. 이때 무조건 권위로 누르는 것보다는 사랑으로 믿어주고 기다려주는 것이 중요합니다. 그러면 잘못된 길로 간 사람도 언젠가 돌아올 수 있는 것입니다.

　요한은 먼저 편지로 이 부인의 마음을 많이 누그러트린 후에 이제 얼굴을 보자고 합니다. 이번에 얼굴까지 보면 이것은 틀림없이 다시 진리로 하나가 되는 것입니다. 아무리 이단들이 속임수를 쓴다고 해도 진리에서 나오는 사랑보다 더 강할 수는 없습니다.

　그런데 여기에 보면 '너희를 대면하여 보겠다' 라는 말을 하고 있습니다.

　복음을 전하는 데 있어서 인격적인 접촉은 대단히 중요합니다. 하나님의 말씀을 전할 때에는 반드시 사람이 나와서 직접 복음을 전해야 합니다. 그런데 어떤 교회에서는 아예 예배를 드리면서 사람은 나오지 않고 비디오를 트는 경우가 있다고 합니다. 이것은 예배에서 옳지 않은 것입니다. 반드시 사람이 나와서 하나님의 말씀을 전해야 합니다. 특히 이런 이단이나 죄에 빠져있는 사람을 구원하기 위해서는 대면해서 권면하고 바로 잡아주어야 하는 것입니다.

02
속이 알찬 신앙

요삼 1:1-15

　우리는 겉으로 볼 때에는 멋있고 화려한 것 같은데 막상 속을 열어 보았을 때에는 실망스러운 것들이 많이 있습니다. 예를 들어 제가 어렸을 때 무우를 살 때에 일어난 이야기입니다. 겉으로는 무우가 멀쩡해서 샀는데 집에 와서 일단 반을 잘라놓으니까 가운데서 바람이 들어서 영 먹을 수 없는 것입니다. 여름에는 수박이 그렇습니다. 생긴 것은 멀쩡하게 생겼는데 반을 잘라놓으면 너무 익었던지 아니면 너무 익지 않았던지 해서 맛이 없는 수박이 있는 것입니다. 또 조심해야 하는 것이 영덕 대게입니다. 영덕 대게라고 해서 샀는데 어떤 것은 속이 꽉 차서 정말 전부가 맛있는 대게가 있는가 하면 어떤 것은 겉은 멋있게 생겼는데 나중에 먹으려고 열어보면 속이 비어있고 검은 물만 나오는 대게도 있는 것입니다.

　이것은 우리 신앙에 있어서도 마찬가지입니다. 어떤 교회나 성도들은 겉으로 보기에는 대단히 화려하고 멋이 있는 것 같은데 안에 들어가 보면 영 속이 부실한 경우가 있는가 하면 어떤 경우에는 겉으로는 보잘 것 없고 세련되지도 못했는데 안에 들어가 보면 너무나도 알차고 은혜가 충만한 교회나 성도들이 있는 것입니다.

　요한 삼서는 장로 요한이 제자이면서도 목회자인 가이오라는 사람에게 보낸 편지입니다. 그런데 이 가이오라는 사람은 그렇게 화려하고 멋진 목회를 하는 사람이 아니었던 것 같습니다. 거기에 비해서 이 요한 삼서에 나오는 디오드레베라는 사람은 큰 교회를 목회하는 유명한 사람이었던 것 같습니다. 요한은 디오드레베라는 사람이 겉으로 보기에는 아주 성공적이고 멋진 목회나 신앙생활을 했는지 모르지만 실제로는 자기밖에 모르는 아주 악하고 못된 사람이라고 지적을 하고 있습니다. 거기에 비해서 비록 큰 사역을 감당하고 있는 것은 아니지만 순회하면서 복음을 전하는 선교사들을 열심히 섬기고 돕는 가이오는 정말 알찬 목회를 하고 있다고 칭찬을 하고 있습니다.

　우리가 이 요한 삼서를 보면 정말 오늘 현대 도시 교회에 얼마나 절실한 말씀인가 하는 것을 깨닫게 됩니다. 왜냐하면 오늘 교회들은 개교회주의가 너무 심할 뿐 아니라 오직 자기밖에 모르는 그런 교회나 목회자들도 많이 있기 때문입니다.

　요한 삼서가 사람들로부터 많은 사랑을 받게 된 것은 조용기 목사님의 그 유명한 '삼박자 구원'이 이 요한 삼서 본문에 나왔기 때문입니다. 이것을 보면 성경은 아무리 단순하고 간단한 말씀이라도 얼마나 위대한 진리가 나올 수 있는지 잘 깨달을 수 있습니다.

축복의 순서

"장로는 사랑하는 가이오 곧 나의 참으로 사랑하는 자에게 편지하노라. 사랑하는 자여 네 영혼이 잘 됨같이 네가 범사에 잘되고 강건하기를 내가 간구하노라"(1-2절).

요한이 가이오에게 이 편지를 보낸 것은 어려운 가운데에도 순회하면서 복음을 전하는 선교사들을 잘 돕는 가이오를 칭찬하면서 감사하고 또 반대로 최고가 되려고 하면서도 선교사들은 돕지 않고 방해만 하는 디오드레베가 틀렸다는 것을 지적하기 위한 것이었습니다. 그리고 데메드리오라는 사람이 있는데 그 사람이 참으로 좋은 신앙을 가졌다는 것을 추천하기 위한 것이었습니다.

그런데 요한은 서두에서 '나의 사랑하는 가이오 곧 나의 참으로 사랑하는 자에게 편지하노라' 고 말씀하고 있습니다. 이것은 요한이 가이오를 얼마나 사랑하고 아끼는지 잘 보여주는 말씀입니다. 이것을 한국식으로 표현을 하면 '눈에 넣어도 아프지 않은 가이오' 가 되는 것입니다.

사람의 눈이 얼마나 예민합니까? 우리 눈에는 작은 티끌만 들어가도 눈이 아파서 견디지 못합니다. 그런데 도대체 얼마나 사랑하는 사람이면 그 큰 사람을 눈에 넣어도 아프지가 않을까요? 그것은 자기가 영적으로 키운 자식이기 때문입니다.

우리는 이 세상을 살아가면서 많은 사람들을 만나고 헤어집니다. 그 중에서는 거의 대부분이 같이 있을 때에는 의미를 가지지만 헤어지고 나면 더 이상 가치가 없는 사람들이 대부분일 것입니다. 그러나 정말 자신에게 하나님의 말씀을 주었고 정말 자신을 사랑으로 낳은 영적인 부모나 자식은 아무리 세월이 흘러도 잊혀지지가 않는 것입니다. 그런 사람은 정말 눈에 넣어도 아프지 않은 사람인 것입니다.

그러기에 진정으로 기독교가 생명을 가지려면 다된 사람을 주워서 키우면 안 됩니다. 그런 사람은 그냥 있을 동안에만 친하고 좋은 것이지 '눈에 넣어도 아프지 않을' 정도로 사랑하는 영적인 자녀는 될 수 없는 것입니다.

처음에 거의 하나님의 말씀을 모르는 자들에게 하나님의 말씀을 가르치면 잘 알아듣지도 못하고 또 영적으로 병치레도 많이 합니다. 그러나 처음 신앙생활을 한 사람들이 하나씩 자라면서 함께 나누고 경험하는 기쁨이라고 하는 것은 이 세상 어느 즐거움과 비교할 수 없습니다. 그러다가 어느 순간에 성숙해서 이미 대화를 나눌 상대가 되고 나의 걱정을 들어줄 사람이 되어 이제는 다른 곳에서 다른 영혼을 섬길 정도로 성숙하게 되었을 때 그 사람에 대한 사랑이라고 하는 것은 말로 표현할 수가 없는 것입니다. 사람을 키우려면 이런 식으로 키워야 합니다. 그러면 서로가 서로를 영원히 잊지를 못합니다.

요한은 가이오에게 이렇게 축복을 합니다.

'사랑하는 자여 네 영혼이 잘 됨같이 네가 범사에 잘 되고 강건하기를 내가 간구하노라'

여기서 그 유명한 '삼박자 구원'이 나오게 됩니다. 저는 삼박자 구원을 결코 나쁘게 보지 않습니다. 오히려 이 간단한 성경 구절에서 어떻게 그 엄청난 축복의 교리가 나올 수 있는지 신기할 따름입니다.

요한은 먼저 '사랑하는 자여'라고 부르고 있습니다. 우리 믿는 사람에게 하나님이 주신 최고의 복은 남을 축복할 수 있는 권한이 있다는 사실입니다.

하나님께서는 처음 아브라함을 부르시면서 '너를 축복하는 자에게는 내가 복을 내리고 저를 저주하는 자에게는 내가 저주하겠다'고 말씀하셨습니다. 이것은 다시 말하면 하나님께서 아브라함에게 축복권을 주시는 것입니다. 아브라함이 축복하는 자를 하나님께서 축복하시고 아브라함이 저주하는 자는 하나님께서 저주하시겠다는 것입니다.

그런데 놀라운 것은 우리가 다른 사람에게 굳이 축복의 말을 하지 않아도 우리가 다른 사람에 대하여 좋은 마음만 가지고 있어도 축복이 임할 때가 많은 것입니다. 저는 교회의 다른 청년이나 교인들에 대해서 '저 분은 참으로 사랑받을만한 귀한 분인데 하나님께서 이러이러한 식으로 복을 주셨으면 좋겠다' 라고 생각만 했는데도 그것이 그대로 이루어지는 경험을 많이 했습니다.

그래서 요한이 가이오에 대하여 '사랑하는 자여' 라고 부를 때 이미 가이오는 복을 받고 있는 것입니다. 이것을 볼 때 우리가 다른 사람에 대하여 선한 마음, 축복의 마음을 가지는 것이 얼마나 중요한지 다시 한 번 깨닫게 됩니다.

예수님은 우리가 다른 사람에게 대하여 복을 빌 경우 그 사람이 복을 받기에 합당하면 그 사람에게 복이 임할 것이고 만일 합당하지 않으면 그 복이 우리 머리에 돌아올 것이라고 하셨습니다.

우리가 다른 사람에 대하여 '사랑하는 자여 네가 정말 하나님의 복을 받기를 원한다' 는 마음만 가져도 이미 그 사람은 복을 받고 있는 것입니다.

그런데 요한은 여기서 한 걸음 더 나아가서 가이오의 영혼이 먼저 잘 되기를 축복하고 있습니다. 우리에게는 다른 어떤 것보다 영혼이 복을 받는 것이 중요합니다. 왜냐하면 우리 영혼은 하나님의 복을 받는 통로이기 때문입니다. 우리에게 가장 중요한 부분은 영혼입니다.

우리가 하나님의 말씀을 들으면 가장 먼저 영혼이 복을 받게 됩니다. 우리 영혼이 복을 받는다는 것은 우리 영혼이 가장 건강하고 아름답고 축복된 상태에 있는 것을 의미합니다. 즉 우리의 마음이 하나님의 은혜로 충만한 것입니다. 이때 우리의 가치가 회복이 되게 됩니다.

　하나님께서는 우리를 축복하실 때 육체의 병부터 고치시지 않습니다. 또한 물질적인 복부터 주시지 않으십니다. 왜냐하면 영혼이 고침을 받지 않은 상태에서 다른 것을 아무리 받아도 소용이 없기 때문입니다. 가장 중요한 것은 우리 마음에 은혜가 임하는 것입니다.

　그리고 나서 본문을 보면 바로 '범사에 잘 되고' 라고 말씀하고 있습니다. 그러나 사실은 우리 영혼이 고침을 받았다고 해서 바로 범사가 잘 되지는 않습니다. 우리 영혼이 고침을 받았지만 우리의 감정이나 인격에는 아직 문제가 많이 남아 있습니다. 즉 영혼은 고침을 받았지만 아직 상한 감정이 남아 있고 열등감이 남아 있고 성격적인 면에 결함들이 남아 있는 것입니다. 우리에게 남아 있는 이런 부분들은 아주 정밀한 치료가 필요합니다. 성형 수술을 할 때 보면 한꺼번에 얼굴을 뜯어고치는 것이 아니라 여러 차례에 걸쳐서 섬세하게 고쳐나가는 것을 볼 수 있습니다. 우리의 감정 속에는 부모님으로부터 받은 콤플렉스나 성장 과정에서 다른 사람들과 비교되거나 혹은 신체적인 결함이나 실패했던 기억들 등등으로 인한 많은 아픔들이 있습니다. 우리가 이런 것들 하나하나를 치료받지 못한다면 결코 풍성한 삶을 살 수가 없습니다.

　그러나 요한 때에는 이런 부분들에 대하여 별로 중요하게 생각하지 않을 수 있습니다. 어쩌면 가이오는 이미 주 안에서 이런 것들이 치료되는 경험을 했을 것입니다.

영혼이 잘 되니까 육체의 병도 치료가 됩니다. 또한 하나님께서 가정을 치료해주셔서 아름다운 가정을 이룰 수 있게 하십니다. 그뿐 아니라 좋은 직장을 주셔서 멋진 사회생활도 하게 하십니다. 더욱이 하나님께서 좋은 집도 주시고 좋은 차도 주시고 또 직장에서 승진하게도 하시고 명예도 주셔서 유명하게 하시는 것입니다. 결국 하나님의 치료는 전인적인 치료인 것을 알 수 있습니다. 나중에는 자연도 사랑하게 되고 음악도 좋아하게 되고 하나님이 주신 모든 것을 사랑하게 됩니다.

우리는 모두 다 세계 최고의 장인의 손에서 만들어지고 있는 도자기와 같습니다. 우리가 일단 하나님의 손에 붙잡혔다면 우리가 발악만 하지 않는 이상 최고로 좋은 작품으로 만들어지게 되어 있습니다. 그래서 우리는 하나님의 손에서 연단을 받는 것을 기뻐해야 합니다. 앞으로 하나님이 주실 복이 너무나 크기 때문입니다.

가이오의 알찬 신앙

요한이 가이오에 대하여 가장 감사한 것은 그가 하나님의 진리를 계속 붙잡고 살고 있다는 사실이었습니다.

"형제들이 와서 네게 있는 진리를 증거하되 네가 진리 안에서 행한다 하니 내가 심히 기뻐하노라. 내가 내 자녀들이 진리 안에서 행한다 함을 듣는 것보다 더 즐거움이 없도다"(3-4절).

아마도 가이오는 다른 사람들처럼 외형적으로 큰 교회를 담임하면서 성공적인 목회를 하는 사람은 아닌 것 같습니다. 그런데 형제들이 가이오에게 갔을 때 가이오는 오직 '진리 안에서 행하고' 있는 것을 목격하게 됩니다. 여기서 '진리 안에서 행한다' 는 말은 '결코 진리를 벗어나지 않았다' 혹은 '오직 진리만 붙잡았다' 고 할 수 있습니다. 가이오는 목회를 하면서 다른 철학이나 윤리나 당시에 유행하던 사조를 일체 추종하거나 따라가지 아니하고 하나님의 복음 진리만 붙잡고 있었습니다.

우리가 이 말을 통하여 이미 이 당시에 '하나님의 진리' 가 사람들에게 얼마나 인기가 없었는지를 짐작할 수 있습니다. 그 당시에 성경만 붙잡는 사람은 앞뒤가 꽉 막힌 무식하고 시대에 뒤떨어진 사람으로 취급을 받았던 것입니다. 그러나 가이오는 남들이 어떻게 생각하고 평가하든지 전혀 흔들리지 않고 꿋꿋하게 성경 진리를 붙잡고 있었습니다. 요한은 이것보다 더 기쁜 것이 없다고 말을 했습니다.

하나님의 백성들에게 성경 진리를 붙잡고 사는 것 보다 더 위대한 것은 없습니다. 하나님께서 우리에게 주신 사명은 어떤 일이 있어도 이 성경 진리를 붙잡고 진리의 불을 밝히라는 것입니다.

예를 들어 바닷가에 등대지기가 있는데 주변 사람들이 모두 술집에 가서 춤을 추고 놀자고 유혹을 한다고 합시다. 그때 등대지기는 외롭더라도 그 유혹을 뿌리치고 자리를 이탈하지 않고 등대의 불을 밝혀야 하는 것입니다. 심지어 남들이 같이 놀지 않는다고 욕을 한다고 할지라도 등대를 밝히지 않으면 그것은 엄청난 책임으로 돌아오게 됩니다. 더욱이 하나님은 성경 진리 안에 어마어마한 복을 감추어 놓으셨습니다. 성경은 어마어마한 원유가 들어있는 유전과 같습니다. 목회자는 이것을 파내어서 사람들에게 이 복을 공급해 주어야 합니다.

교회는 규모만 중요한 것이 아닙니다. 사실은 그 중심이 훨씬 더 중요합니다. 사실 오늘날 많은 교회들을 보면 실제로 하나님의 말씀으로 충만한지는 걱정할 수준인 것입니다. 교회는 크든지 적든지 하나님의 진리로 충만할 때 그들은 충분히 자신의 역할을 다 할 수가 있는 것입니다.

가이오가 잘 하는 두 번째는 그가 선교사를 적극적으로 도왔다는 사실입니다.

"사랑하는 자여 네가 무엇이든지 형제 곧 나그네 된 자들에게 행하는 것이 신실한 일이니 저희가 교회 앞에서 너의 사랑을 증거하였느니라. 네가 하나님께 합당하게 저희를 전송하면 가하리로다. 이는 저희가 주의 이름을 위하여 나가서 이방인에게 아무것도 받지 아니함이라"(5-7절).

이 당시에는 복음을 전하기 위해서 나그네 된 자들이 많이 있었습니다. 이 사람들이 사실은 선교사들이었습니다. 이 선교사들은 이방인들에게 복음을 전하면서 이방인들에게 아무 것도 받지 못하는 자들이었습니다. 사실 이방인들 중에서 선교사에게 돈을 줘가면서 복음을 들을 사람들은 아직 아무도 없었습니다. 그래서 결국 교회는 누구든지 복음을 전하는 이런 나그네들이 오면 영접을 해서 먹여주고 재워주고 다음 선교지에서 복음을 전할 돈까지 주는 것이 필요했습니다. 그런데 가이오가 이것을 아주 잘했던 것 같습니다. 즉 아무리 모르는 사람이라 하더라도 복음을 전하는 선교사가 오면 재워주고 먹여주고 여비를 주었던 것입니다.

사도 바울은 이것이야말로 선교에 동참하는 것이라고 했습니다.

"이러므로 우리가 이같은 자들을 영접하는 것이 마땅하니 이는 우리로 진리를 위하여 함께 수고하는 자가 되게 하려 함이니라" (8절).

요즘은 선교에 있어서도 '가는 선교사', '보내는 선교사'라는 말을 쓰고 있습니다. 즉 직접 선교지에 가서 선교하지 않아도 뒤에서 물질로 후원을 하고 기도하는 것도 선교하는 것입니다.

결국 선교사가 선교할 수 있는 정신적인 힘이나 물질적인 힘은 교회로부터 나와야 합니다. 교회는 선교사들의 처지에 대하여 깊은 이해가 있어야 합니다. 우리가 이해하지 않고 돕는다는 것은 오래가지도 않고 또 적절하게 도울 수도 없습니다. 우리는 선교사들이 선교 현지에서 어떤 문제를 겪고 있으며 무엇이 필요한지는 자세하게 들을 필요가 있습니다. 이것이 바로 선교를 배우는 것이고 선교는 여기에서부터 실제로 시작이 되는 것입니다.

우리 개신교가 천주교에 비해서 부끄러워해야 할 것은 개신교가 교리 싸움으로 정신을 차리지 못하는 동안에 천주교에서는 예수회를 중심으로 남미 같은 곳에 선교사를 많이 보내서 전도를 한 것입니다. 로마 시대 때에도 보면 아리우스파가 이단으로 정죄가 되는데 아리우스파가 쫓겨나면서 게르만족들에게 가서 그들을 전도하게 됩니다. 그래서 나중에 게르만족들이 로마로 쳐들어오면서 아리우스파가 주도권을 잡게 됩니다. 이것을 보면 결국 선교하고 복음을 전하는 자들이 역사를 쥐게 된다는 것을 배우게 되는 것입니다.

지금 우리나라가 전 세계에 미국 다음으로 많은 선교사를 보내고 있는데 이것은 대단히 잘하는 것입니다. 사실 이것이 한국을 지키고 있는 힘인 것입니다. 하나님께서 이 선교사들을 살리시려면 우리나라를 지켜주셔야 하는 것입니다.

디오드레베의 교만과 이기심

우리는 디오드레베가 어떤 사람인지 알지 못하지만 그가 대단히 교만하고 이기적인 자라는 것은 알 수가 있습니다.

> "내가 두어자를 교회에게 썼으나 저희 중에 으뜸되기를 좋아하는 디오드레베가 우리를 접대하지 아니하니 이러므로 내가 가면 그 행한 일을 잊지 아니하리라. 저가 악한 말로 우리를 망령되이 폄론하고도 유위부족하여 형제들을 접대치도 아니하고 접대하고자 하는 자를 금하여 교회에서 내어 쫓는도다"(9-10절).

아마도 디오드레베는 상당히 크고 영향력 있는 목회를 하는 자였던 것 같습니다. 요한은 그에 대하여 '으뜸 되기를 좋아한다' 고 했습니다. 아마도 이 사람은 최고가 되려고 하는 야망 같은 것이 강했던 것 같습니다. 요즘으로 치면 교황이나 추기경같은 자리에 오르려는 정치적인 야망이 강했던 사람이었던 것입니다. 그러니까 이미 이런 사람은 순수할 수가 없었습니다.

왜냐하면 높은 자리에 올라가려고 하면 교회가 어느 정도 이상 커져야 하고 또 자기 자신도 어느 정도 유명한 사람이 되어야 하니까 그렇게 되기 위해서 자꾸 외모를 키우고 꾸며야 했던 것입니다. 그런데 사람들 중에는 그런 것을 좋아하는 사람들도 상당히 있습니다. 즉 기왕 믿을 바에는 외모도 멋있고 세상적으로도 영향력을 나타내어야 한다는 것입니다. 특히 이런 사람들은 세상적인 권력을 잡은 자들과 손을 잡는 것을 좋아합니다.

디오드레베는 으뜸이 되는 것을 좋아하는 사람이었습니다. 이런 사람의 특징이 성경적이고 복음적인 사람을 별로 좋아하지 않는 것입니다. 그 이유가 무엇일까요? 이런 사람들 앞에서는 자기가 하는 것이 엉터리라는 것이 드러나기 때문입니다. 디오드레베는 요한이 방문했는데도 영접지 않았다고 말을 했습니다. 그 이유는 요한은 오직 성경만 중요하게 생각하는 사람인데 자기는 이미 성경적이지 않기 때문에 할 이야기가 없었던 것입니다.

요한은 자신이 가게 되면 절대로 디오드레베가 한 것을 용서하지 않겠다고 말씀했습니다. 왜냐하면 그가 잘못한 것이 너무나도 많고 분명했기 때문입니다.

그는 요한과 같은 성경적인 목회자들을 나쁘게 욕을 했습니다. 그리고 그것도 부족해서 교인들에게 선교사들을 돕지 못하게 하고 돕는 자들은 교회에서 내어 쫓는 일을 했기 때문입니다. 그러니까 디오드레베는 복음 증거에는 관심이 없는 사람이었습니다. 오직 자기 자리나 지키고 사람들에게 유명해지는 것밖에 관심이 없는 사람이었습니다.

그러나 아이러니컬하게도 이 세상에서는 가이오 같은 사람보다는 디오드레베같은 사람이 훨씬 더 영향력이 있고 유명한 것이 사실입니다. 그러나 나중에 죽고 나면 디오드레베 같은 사람은 전혀 기억도 되지 않고 가이오 같은 참 목자가 교인들의 마음속에 살아서 존경을 받는 것을 보게 됩니다.

그래서 어떻게 보면 인기를 따라가는 목회자는 하루살이같이 금방 나타났다가 없어지는 것 밖에 되지 않습니다. 그러나 교인들을 매일 진리로 꾸준히 먹이는 목자는 끝까지 존경을 받고 교인들의 가슴 속에 살아남아 있게 되는 것입니다.

요한은 가이오에게 디오드레베가 하는 나쁜 것은 본받지 말라고 권면을 하고 있습니다.

"사랑하는 자여 악한 것을 본받지 말고 선한 것을 본 받으라. 선을 행하는 자는 하나님께 속하고 악을 행하는 자는 하나님을 뵈옵지 못하였느니라"(11절).

가이오는 디오드레베가 워낙 영향력이 있고 유명하기 때문에 혹시 자기가 틀린 것이 아닌가 생각할 수 있었습니다. 그러나 요한은 분명하게 말을 하기를 디오드레베의 악한 것을 본 받지 말라는 것입니다.

요한은 이미 이 악한 자는 하나님께 속한 자가 아니라고 단정을 하고 있습니다. 이런 사람은 하나님을 만나본 적이 없는 사람인 것입니다. 진정으로 하나님을 만난 적이 있다면 도대체 이런 식으로 인기나 끌려하고 정치인 같이 행세를 할 수가 없는 것입니다. 목회자는 가이오 같이 남이 알아주지 않더라도 하나님의 진리를 붙잡고 열심히 선교사들을 돕는 사람이어야 하는 것입니다. 우리는 속이 알찬 교인들이 다 되어야 할 것입니다.

Beautiful Bringing up

3부
유다서 강해

01
단번에 얻은 구원
유 1:1-10

    수년 전에 교통사고로 비극적인 죽음을 당한 영국의 다이애나 황태자비는 자신의 정체성 문제로 실패한 대표적인 인물이라고 볼 수 있습니다. 다이애나는 황태자비가 되기 전에 평범한 유치원 교사였습니다. 그러다가 어느 날 갑자기 찰스 황태자와 결혼을 하게 되면서 영국의 왕실의 가장 높은 사람 중의 하나가 되었습니다. 다이애나는 이 엄청난 신분의 변화를 감당하기 어려웠던 것 같습니다. 지금까지 내내 평민으로 있다가 한 순간에 영국의 황태자의 아내가 된 것입니다. 다이애나가 이것을 감당할 수 있으려면 남편의 사랑도 있어야 했고 자기 자신도 스스로의 신분의 변화로 인한 새로운 자아상을 충분히 마음속에 그려 놓았어야 합니다. 그러나 남편은 다른 여자를 사랑하고 자신은 자기 나름대로 스스로의 정체성을 확실히 가지지 못하였을 때 다른 남자들이 사랑한다고 덤벼들게 되니까 결국 다이애나는 이 남자 저 남자 사이에 좋지 않은 소문을 내다가 결국 파파라치의 추격에 쫓겨서 교통사고로 비극적인 죽음을 당하고 마는 것입니다.

저가 다이애나비의 예를 드는 이유는 그녀의 삶이 예수를 믿는 우리의 삶과 유사하기 때문입니다. 우리는 오직 단 한 가지 예수를 믿음으로 단번에 하나님의 자녀가 되었습니다. 이것은 엄청난 신분의 변화인 것입니다. 지금까지 마귀의 노예로 있다가 한 순간에 왕의 아들이 되고 딸이 되었습니다. 마치 요셉이 어제까지 감옥 안의 노예로 있다가 한 순간에 바로에게 발탁이 되어서 총리가 되고, 에스더가 어제까지 포로의 고아 딸로 있다가 한 순간에 페르시아의 왕비가 된 것과 같습니다. 그래서 우리가 예수 믿고 난 후에 제대로 신앙생활을 하려고 하면 우리의 변화된 신분과 나의 새로운 자아상에 대한 충분한 지식을 가지고 있어야 합니다. 그렇지 않으면 우리는 도대체 경건하지도 않고 하나님도 잘 모르는 내가 단번에 구원받았다는 것을 믿기가 굉장히 어려운 것입니다. 우리가 예수 믿고 난 후에 계속 혼동을 겪는 것은 '도대체 어떻게 해서 나같은 것이 구원을 받았을까? 그리고 어떻게 나같은 것이 하나님의 사랑을 받는다고 말할 수 있을까?' 하는 의문이 생기는 것입니다.

그때 우리가 다른 것을 보면 안 되고 오직 성경을 봐야 합니다. 그러면 하나님께서 우리를 무조건 사랑하신 것과 우리는 오직 예수를 믿음으로 단번에 하나님의 자녀가 된 사실을 확실히 알게 되는 것입니다. 그럼에도 불구하고 때때로 우리가 우리 자신을 보면 구원에 자신이 없어지게 됩니다. 예수 믿는다고 하면서도 자주 넘어지고 위선적이고 말씀에 불순종하는 모습을 보면서 구원의 자신이 없는 것입니다. 이때 우리가 잘못하면 우리의 영혼을 노리는 사탄의 시험에 빠질 수 있습니다. 특히 복음의 진리를 잘 이해하지 못한 사람들의 소리에 귀를 기울일 수 있습니다.

이 사람들이 하는 이야기가 무엇입니까? 우리가 단번에 구원받지 못하는 것이 맞다는 것입니다. 우리는 결코 그렇게 쉽게 구원을 받을 수 없으며 구원받으려면 다른 교인들보다 특별한 기도나 지식이나 체험이 있어야 한다고 가르치는 것입니다. 이것이 무엇입니까? 자기 공로가 들어가야 한다는 것입니다. 이것은 우리 인간의 입장에서는 대단히 매력이 있고 설득력이 있는 것입니다. 우리가 예수만 믿어서는 안 되고 우리 스스로 공을 쌓아야 한다는 것입니다. 이때 놀랍게도 우리는 복음을 듣는 것보다 오히려 더 만족감이 있습니다. 오히려 더 자기가 성스러워진 느낌이 듭니다. 그러나 이것은 굉장히 무서운 사탄적인 시험인 것입니다.

그런 까닭에 유다서에서 가장 중요한 말씀은 3절에 나오는 '일반으로 얻은 구원' 이라는 말과 '단번에 주신 믿음의 도' 라는 말입니다. 즉 우리의 구원은 예수를 믿음으로 단번에 얻은 것이지 여기에 다른 공로나 다른 무슨 체험이 들어가서는 안 되는 것입니다.

유다서를 기록한 사람은 예수님의 동생이었던 유다로 생각되어

집니다. 이 유다는 '낙타 무릎'으로 유명했던 야고보를 쓴 야보고의 동생이었습니다. 유다는 예수님이 부활하실 때까지는 예수님을 믿지 않았다가 예수님이 부활하신 후에 예수님을 하나님의 아들로 믿고 크리스천이 되었습니다. 유다가 유다서를 누구에게 보내었는지는 분명하지가 않은데 아마 여러 교회에 돌려가면서 읽으라고 쓴 것 같습니다. 유다가 이 유다서를 쓰면서 말하기를 우리는 예수를 믿음으로 '단번에 얻는 구원'을 얻지만 이것을 부정하는 자들이 교회 안에 가만히 들어왔다고 합니다. 그는 이 사람들이 바로 사탄의 사자라는 것입니다. 즉 멸망이 예정된 자들이기 때문에 조금도 그들을 동정하지 말고 물리치라는 것입니다.

그런데 유다서를 정작 어렵게 만드는 것은 중간에 두 군데 기록된 모세에 대한 것과 에녹에 대한 부분입니다. 즉 모세의 시체를 두고서 미가엘 천사와 마귀가 싸우는 것은 우리에게 아주 생소한 부분입니다. 이것은 구약 성경 어디에서도 찾아볼 수 없는 내용입니다. 그리고 또 한 부분은 에녹이 그 당시 사람들의 경건치 않음에 대하여 지적하고 책망한 내용입니다. 우리는 창세기에서 단순하게 에녹이 하나님과 동행하더니 하나님께서 에녹을 데려가셨다고만 되어있지 에녹이 그 당시 사람들에게 심판을 예언한 것들은 전혀 생소한 내용입니다. 이런 것들은 정식 성경에 기록된 것이 아니고 외경에 기록된 내용인 것입니다. 이것을 두고서 우리는 정식 성경도 아니고 외경에 기록된 내용을 인용하고 있는 책을 성경으로 받아들일 수 있느냐 하는 의문이 생기는 것입니다. 그래서 유다서의 정경성은 의문이 많았습니다.

그러나 구약 성경도 보면 다른 기록에서 인용하고 있는 부분들이 있습니다. 또 바울 서신 같은 곳도 외경에서 인용하고 있는 부분도 있습니다.

유다서는 아마도 이 '단번에 얻은 구원'이 워낙 복음적이고 교회에 중요한 메시지였기 때문에 정경으로 인정이 된 것 같습니다.

유다의 자아상

유다는 이 서신을 받는 성도들에게 이렇게 인사를 하고 있습니다.

> "예수 그리스도의 종이요 야고보의 형제인 유다는 부르심을 입은 자 곧 하나님 아버지 안에서 사랑을 얻고 예수 그리스도를 위하여 지키심을 입은 자들에게 편지하노라"(1절).

유다는 '예수 그리스도의 동생 유다'라고 말하지 않습니다. 혹은 '예수님이 제 형님 되시는 분이십니다'라고 말하지 않습니다. 사실 유다는 예수님이 부활하시기 전까지는 예수님의 동생이라고 생각을 했습니다. 심지어 그 형제들은 예수님이 가족들을 돌보지 않고 말씀 전하러 다닐 때 귀신이 들렸다고 해서 예수님을 데리러

간 적도 있었습니다. 그러나 예수님이 죽음에서 부활하신 후에 예수님과 자신들의 관계를 너무나도 분명히 알고 믿게 되었습니다. 그것은 예수님은 내 형님이 아니고 신앙의 대상인 하나님의 아들이었던 것입니다. 이것은 예수님의 모친 마리아가 결코 어머니가 아니고 '여자'였던 것과 같습니다.

예수님은 마리아를 '여자여'라고 불렀습니다. 이것은 자식이 정신이상이 아닌 이상 불가능한 일입니다. 유다는 예수님의 동생이 아니라 종이었던 것입니다.

이것은 유다가 자신의 정체성에 대하여 얼마나 분명하게 정리되어 있었는지 그리고 자신의 자아상을 얼마나 분명하게 그리고 있었는지 잘 보여주는 것입니다. 유다는 예수 그리스도의 종이었습니다. 그리고 야고보에게는 동생이었습니다. 오늘 우리는 모두 과연 내가 누구인지 확실한 자아상을 그릴 수 있어야 합니다. 오늘 우리는 이 시간 자기 자신에게 '나는 과연 누구인가?' 하는 질문을 해 보아야 합니다. 나는 누구입니까? 나는 목사입니까? 나는 신자입니까? 나는 주일학교 교사입니까? 나는 직장인입니까? 나는 누구입니까? 우리는 항상 자신의 정체성을 분명히 인식하고 있어야 합니다. 이것이 오늘 우리에게 가장 어려운 문제입니다. 유다는 자신을 가리켜 예수 그리스도의 종이라고 했습니다. '종'은 자유가 없습니다. 종은 오직 주인이 하라고 하는 것만 할 수 있습니다. 종은 자기가 하고 싶다고 무엇을 할 수 있는 사람이 아닙니다. 유다는 예수 그리스도의 종으로서 한 평생을 마치는 것을 최고의 자랑으로 생각했습니다.

로마 시대 때 보면 전쟁에서 패하였기 때문에 로마인들의 노예로 팔려온 자들이 많이 있었습니다. 그 노예들 중에서는 과거에 장군도 있었고 왕자나 공주도 있었고 학자도 있었습니다. 그러나 이런 과거가 노예들에게는 전혀 인정되지 않았습니다. 오직 하나의 노예였을 뿐이고 그들은 새로운 자신의 정체성에 적응을 해야만 했습니다. 이 노예들 중에는 자기 주인이 상당한 권세를 가졌을 경우 자기 주인에 대한 자부심을 가졌습니다. 그리고 그런 주인의 노예들은 다른 노예들에 비하여 월등한 권한이 있었습니다. 노예들 중에는 거의 주인의 비서 같은 역할을 하는 노예들도 많이 있었습니다. 그래서 외부인들이 주인을 만나려고 하면 이런 노예들을 통해야 가능했던 것입니다. 더욱이 노예가 주인을 위하여 열심히 충성하면 나중에 주인이 돈을 받지 않고 해방시켜주는 일들도 많이 있었습니다.

유다는 자기가 예수 그리스도의 종이라는 것을 결코 부끄럽게 생각하지 않았습니다. 그 이유는 이 세상에서 가장 권세 있는 자가 바로 그리스도였기 때문입니다. 그리스도는 그 종들에게 자신의 말씀과 능력을 모두 다 맡겨주십니다. 종이지만 다른 어느 누구 이상으로 우리는 자유롭고 능력이 있는 것입니다. 그리고 종은 주인이 하라고 하는 것만 하면 되기 때문에 책임이 없습니다. 모든 책임은 주인이 다 지게 됩니다. 사실 오늘 우리가 하루하루를 살아가는데 있어서 도저히 우리 자신이 책임질 수 없는 수많은 선택을 해야 할 때가 있습니다. 그런데 우리는 종이기 때문에 성경대로만 하면 됩니다. 그러면 모든 것을 주님이 다 책임져주십니다. 이것이 오늘 같은 어려운 시대에 우리가 살아남을 수 있는 유일한 방법인 것입니다.

여기서 유다는 우리 믿는 사람을 향하여 세 가지로 설명하고 있습니다.

1절을 다시 보면 '부르심을 입은 자 곧 하나님 아버지 안에서 사랑을 얻고 예수 그리스도를 위하여 지키심을 입은 자들에게 편지하노라' 고 했습니다. 우리는 부르심을 입었고 하나님 아버지 안에서 사랑을 받았고 지키심을 입었습니다.

우리의 부르심은 정말 위대한 부르심입니다. 우리의 부르심은 가장 존귀한 부르심입니다. 그 이유는 죄의 구렁텅이에 빠진 우리들을 천사보다 더 존귀한 하나님의 아들이 되도록 구원해 주셨기 때문입니다. 우리가 길거리에 나가보면 우리를 부르는 사람들을 많이 보게 됩니다. 어떤 사람은 음식점에 오라고 부르기도 하고 택시를 타고 가라고 부르기도 하고 핸드폰을 공짜로 줄 테니까 바꾸라고 부르기도 합니다. 백화점에 가보면 물건을 세일하니까 사가라고 부르기도 합니다. 그러나 하나님의 부르심은 세상의 부름과는 전혀 다른 것입니다. 하나님의 부름은 죄 용서받고 하나님의 자녀가 되는 부르심입니다. 즉 천국의 대 바겐세일인 것입니다. 우리는 너무나도 엄청나게 귀한 것을 너무 싸게 사게 되었을 때 혹시 속은 것이 아닐까 의심이 될 때가 많이 있습니다.

사도 바울이 복음을 전할 때에도 유대교인들 중에는 사도 바울이 이방인들에게 인기를 얻으려고 엉터리 복음을 전한다고 공격하는 사람들이 있었습니다. 그 이유는 유대인들이 수천 년 동안 얻으려고 했던 구원을 아무 공로도 없이 이방인들이 단숨에 얻어버렸기 때문입니다.

하나님이 주신 구원은 그 가치는 너무 어마어마한데 우리는 이것을 거저 공짜로 받았기 때문에 그냥 두면 우리가 이것을 빼앗길 수 있습니다. 어물어물하다가는 그냥 날아가 버리는 것입니다. 그러므로 우리는 사탄이 우리의 구원을 흔들지 못하도록 늘 깨어 기도하고 진리의 말씀으로 무장해 있어야 합니다.

단번에 주신 구원

오늘 본문 3절을 보면 유다서에서 가장 중요한 두 표현이 나타나고 있습니다. 그 하나는 '일반으로 얻은 구원'이라는 말이고 다른 하나는 '단번에 주신 믿음의 도'라는 말입니다. 이 두 가지는 같은 것입니다.

> "사랑하는 자들아 내가 우리의 일반으로 얻은 구원을 들어 너희에게 편지하려는 뜻이 간절하던 차에 성도에게 단번에 주신 믿음의 도를 위하여 힘써 싸우라는 편지로 너희를 권하여야 할 필

요를 느꼈노니"(3절).

유다는 우리가 얻은 이 구원에 대하여 성도들에게 편지를 해야 되겠다는 생각이 간절했다고 말하고 있습니다. 그 이유가 어디에 있을까요? 우리가 너무나도 갑작스럽게 엄청난 구원을 받았기 때문에 이것을 제대로 감당을 못하고 있기 때문입니다. 유다는 이것을 위해서 '싸우라'고 말씀하고 있습니다. 이것은 대단히 전투적인 표현입니다. 즉 우리가 대충 믿어서는 안 되고 이 진리를 지키기 위해서는 대단히 방어적이면서 전투적인 자세를 취해야 하는 것입니다.

아마 누군가가 내가 가지고 있는 전 재산을 빼앗아 가려고 하는데 가만히 있는 사람은 없을 것입니다. 무슨 수단과 방법을 다 해서라도 지키려고 할 것입니다. 우리가 자칫 잘못하면 거저 얻은 진리이기 때문에 남의 것 구경하듯이 뻔히 눈뜨고 있다가 뺏길 수가 있습니다. 그러나 우리는 이것을 지키기 위해서 싸워야 하는 것입니다.

여기서 '일반으로 얻은 구원'이라는 말이 무슨 뜻입니까? 우리 모두 다 똑같은 구원을 받았다는 뜻입니다. 즉 지식이 있는 자나 무식한 자나 자유인이나 노예나 백인이나 흑인이나 남자나 여자 모두 다 같은 방식으로 같은 구원을 받았다는 뜻입니다. 우리가 지금은 이것이 당연하게 생각될지 몰라도 옛날에는 이것이 불가능한 이야기였습니다. 어떻게 흑인이 백인과 같이 구원받을 수 있으며 어떻게 노예가 자유인과 같이 구원을 받을 수 있습니까? 이것은 그 당시 사람들에게는 생각만 해도 끔찍한 일이었습니다. 그러나 하나님은 모든 인간들을 아무 차별 없이 받아주셨습니다. 이것이 일반으로 얻은 구원입니다.

그러나 사람들 중에는 이것을 인정하지 못하는 사람들이 많이 있었습니다. 즉 결코 똑같이 구원받을 수 없다는 것입니다. 유대인들과 이방인의 구원은 틀리다고 생각하는 사람들이 많이 있었습니다. 그래서 유대교에서는 기독교를 인정할 수가 없었습니다. 오늘도 로마 천주교는 개신교의 구원을 인정하지 않습니다. 천주교에서는 천주교 밖에는 구원이 없다고 주장을 합니다. 그리스 정교 같은 경우에는 개신교도들을 이단으로 생각을 합니다.

거기에 비해서 '단번에 주신 믿음의 도'를 믿지 못하는 자들도 있었습니다. 이 사람들은 오직 예수를 믿음으로 단번에 구원받은 것을 믿지 못했습니다. 그 당시 구원을 받기 위해서 공로를 쌓아야 하고 남들과 달리 기도를 많이 해야 하고 남들과 다른 체험을 해야 한다고 주장하는 자들이 있었던 것입니다.

이것을 보면 기독교 복음은 한 가운데 있는 것을 알 수 있습니다. 한쪽에서는 전통을 믿습니다. 그리고 다른 한 쪽에서는 특별한 체험을 믿습니다. 기독교는 그 어느 한쪽으로 기울어져서는 안 되는 것입니다. 누구든지 구원을 받으려면 오직 예수를 믿으면 단번에 구원을 받는 것입니다. 여기에 다른 어떤 것도 더 들어와서는 안 되는 것입니다. 유다는 여기서 다른 것이 들어오는 것이 얼마나 위험한 것인지 지적하고 있습니다.

> "이는 가만히 들어온 사람 몇이 있음이라. 저희는 옛적부터 이 판결을 받기로 미리 기록된 자니 경건치 아니하여 우리 하나님의 은혜를 도리어 색욕거리로 바꾸고 홀로 하나이신 주재 곧 우리 주 예수 그리스도를 부인하는 자니라"(4절).

유다는 이들을 '가만히 들어온 자'라고 말하고 있습니다. 즉 몰래 들어온 스파이인 것입니다. 스파이는 같은 편인 것처럼 해놓고 모든 것을 정반대로 바꾸어버립니다. 즉 나라를 지켜주는 것처럼 하면서 멸망시키는 일을 하고 있는 것입니다. 이 사람들은 이미 하나님의 심판의 책에 멸망당하는 자로 이름이 기록되어 있는 자들인 것입니다. 우리는 이 사람들이 이 세상에 할 일이 그렇게 많은데 왜 이런 거짓된 진리로 교회를 해치는 일을 하는지 이해가 되지 않습니다. 그러나 그것이 마귀에게는 가장 중요한 전략인 것입니다. 이 사람들은 경건치가 않습니다. 물론 말하는 것을 보면 굉장히 경건한 것 같은데 실제로는 너무나도 사납고 공격적인 것입니다. 그리고 자기 외에는 일체 다른 사람의 이야기를 들으려고 하지 않습니다. 경건의 가장 중요한 특징이 무엇입니까? 진리 앞에서 겸손한 것입니다. 그러나 복음을 믿지 않는 자는 중심의 변화가 없기 때문에 누구의 말도 듣지 않습니다. 그리고 굉장히 교만합니다. 더욱이 하나님의 은혜를 '색욕거리'로 만든다고 했습니다. 여기서

'색욕거리'라는 말은 비도덕적인 음탕한 짓을 말합니다. 즉 구원은 하나님이 행하신 것을 믿고 받아들이는 것인데 자기가 생각한 이상한 짓을 자꾸 하는 것입니다. 이것은 결국 염불을 외우는 것이나 무당 굿하는 것과 다를 바가 없는 것입니다. 가장 심각한 것은 무엇보다 예수 그리스도의 십자가 공로를 믿지 못하는 것입니다. 예수님의 십자가 보혈로 되지 않으면 그러면 무엇으로 구원을 얻겠습니까?

가장 고상하고 순결한 것은 역시 성경 그대로 믿는 것입니다. 여기에 자기 생각이나 자기 체험이나 환상이 들어갈 때 수준이 올라가는 것이 아니라 형편없이 그 믿는 수준이 떨어져버립니다. 결국 가장 고상한 것은 예수님의 십자가이고 하나님의 값없는 은혜인 것입니다.

하나님이 심판하신 사람들

유다는 성경을 통해서 지금까지 하나님의 확실한 심판을 당한 자들이 어떤 자들인지 보여주고 있습니다.

그 첫째가 모세가 출애굽할 때 모세의 말에 순종치 않던 애굽인들이었습니다.

"너희가 본래 범사를 알았으나 내가 너희로 다시 생각나게 하고 자 하노라. 주께서 백성을 애굽에서 구원하여 내시고 후에 믿지 아니하는 자들을 멸하셨으며"(5절).

애굽인들도 하나님의 말씀을 들었고 하나님의 말씀의 능력을 체험했습니다. 그러나 그들은 그 말씀을 믿지 않고 대적을 했습니다. 심지어 바로 같은 경우에는 모세에게 개구리가 물러가게 해 달라고 기도까지 부탁을 했습니다. 그러나 바로는 하나님의 말씀을 끝까지 대적했습니다. 그 이유는 바로 이 값없는 하나님의 은혜를 믿지 못했기 때문입니다. 하나님은 겸손한 자에게 은혜를 주시는 분이십니다.

두 번째는 자기 지위를 지키지 않은 천사 사탄의 멸망입니다.

"또 자기 지위를 지키지 아니하고 자기 처소를 떠난 천사들을 큰 날의 심판까지 영원한 결박으로 흑암에 가두셨으며"(6절).

사탄은 하나님의 존귀한 천사였지만 자기 위치를 지키지 아니하고 하나님의 말씀을 대적했기 때문에 영원한 심판을 받았습니다. 사탄은 지금도 사람들에게 신의 경지에 오르라고 충동질을 하고 있습니다. 그러나 이것이 바로 멸망하는 길인 것입니다. 우리가 살 수 있는 길은 우리가 피조물인 것을 인정하고 받아들이는 것입니다. 절대로 우리의 위치를 넘어서면 안되는 것입니다. 우리는 모든 것을 하나님에게 의존하고 하나님께 영광을 돌려드리는 삶을 살아야 합니다. 사탄은 결박당해 있지만 그럼에도 불구하고 활동을 하고 있습니다. 결박당한 채 설치고 있기 때문에 무한정으로 능력을 나타내지는 못하지만 그럼에도 불구하고 믿음 없는 자들을 멸망시키기에는 충분한 것입니다. 그러나 우리 믿는 자들에게는 결박당한 천사입니다. 사자는 사자이지만 쇠사슬에 묶인 사자입니다.

그러나 우리는 조심해야 합니다. 왜냐하면 쇠사슬에 결박을 당했지만 우는 사자처럼 쇠사슬을 달고 돌아다니고 있기 때문입니다. 사탄은 하나님의 백성들이 구원받는 것을 영원히 시기하고 질투합니다. 왜냐하면 사탄은 우리가 얼마나 형편없이 타락했던 자들인지 너무나도 잘 알기 때문입니다. 그런데 우리는 영광스러운 하나님의 자녀가 되고 자기는 영원히 지옥의 심판을 받으니까 시기심이 나서 견딜 수가 없는 것입니다. 그래서 할 수 만 있으면 단 한 명이라도 지옥에 끌고 가려고 별 수단과 방법을 다 사용하는 것입니다. 우리 중 단 한명이라도 마귀에게 넘어가서는 안 됩니다.

세 번째는 소돔과 고모라 성의 사람들이었습니다.

> "소돔과 고모라와 그 이웃 도시들도 저희와 같은 모양으로 간음을 행하며 다른 색을 따라 가다가 영원한 불의 형벌을 받음으로 거울이 되었느니라"(7절).

사람들은 사랑은 자유라고 생각합니다. 그러나 사랑만큼 책임이 따르는 것이 없습니다. 하나님은 사랑에 가장 큰 책임을 지우셨습니다. 그러나 소돔과 고모라 사람들은 자기 마음대로 사랑을 했습니다. 자기 멋대로 사랑하다가 안 되면 결국 이상한 사랑으로 빠지게 됩니다. 즉 동성연애를 하는 것입니다. 그 결과 유황불의 심판뿐이었습니다. 우리 인간들은 자기 나름대로 엄청난 궤변과 이유를 갖다 붙이지만 결국 모든 것은 하나님의 말씀대로 되어지는 것입니다.

그러면서 이 사람들은 모두 꿈꾸는 자들이라고 말을 합니다.

"그러한데 꿈꾸는 이 사람들도 그와 같이 육체를 더럽히며 권위를 업신여기며 영광을 훼방하는도다"(8절).

'꿈꾼다'는 것이 무슨 뜻입니까? 성경이 아닌 자기 생각을 가지고 제 멋대로 이야기를 해 대는 것입니다. 이것은 무서운 심각한 범죄인 것입니다. 이것은 오히려 성경의 권위를 부정하며 하나님의 영광을 훼방하는 것 밖에 되지 않습니다. 그래서 자기 방식으로 믿는 것은 너무나도 좋지 못합니다.

"이 사람들은 무엇이든지 그 알지 못하는 것을 훼방하는도다. 또 저희는 이성 없는 짐승 같이 본능으로 아는 그것으로 멸망하느니라"(10절).

성경대로 믿지 않고 자기 생각이나 체험을 가지고 믿으려고 하는 것은 본능적인 신앙밖에 되지 않습니다. 왜냐하면 사람의 잠재 의식 속에는 우리가 알지 못하는 수많은 것들이 들어 있기 때문입니다. 그러기에 자극을 주기에 따라서 상상하지 못했던 이상한 체험들이나 현상들이 나타나게 됩니다. 그러나 그것은 모두 본능 밖에 되지 않는 것입니다. 왜 타종교를 가진 자들이 자기들의 종교를 믿습니까? 그 안에도 나름대로 체험이 있고 신비가 있기 때문입니다. 그러나 이것은 하나님이 주신 응답이 아니고 동물의 본능에 불과한 것입니다. 동물의 본능이 아무리 예민하다 하여도 결국 사냥꾼의 총을 피할 수 없고 함정을 피하지 못하는 것과 같습니다. 우리의 본능이 아무리 예민하다 하여도 성경이 최고로 정확합니다. 성경만이 우리를 살릴 수 있습니다.

여기서 유다는 다시 한번 사탄을 이기는 방법을 가르쳐줍니다.

> "천사장 미가엘이 모세의 시체에 대하여 마귀와 다투어 변론할 때에 감히 훼방하는 판결을 쓰지 못하고 다만 말하되 주께서 너를 꾸짖으시기를 원하노라 하였거늘"(9절).

모세가 죽었을 때 모세의 시체를 두고서 미가엘 천사와 사탄이 다투었다는 것은 우리에게는 정말 생소한 내용입니다. 하나님께서는 모세의 시체가 이스라엘 백성들의 눈에 뜨이게 될 때 그들이 모세의 시체를 우상 숭배하듯이 할까 우려하신 것 같습니다. 그래서 모세가 죽었을 때 모세의 시체를 아무도 보지 못하게 감추셨습니다. 그런데 사탄이 나타나서 그 시체를 자기에게 달라고 한 것 같습니다. 특히 모세는 살인자였기 때문에 자기가 그 시체를 처리해야 한다고 한 것 같습니다. 그때 미가엘은 사탄을 저주하지는 못하고 '하나님이 너를 책망하실 것이다' 라고 하면서 그 요구를 거절한 것입니다.

사탄은 모세의 시체를 가지고 이스라엘 백성들을 시험에 빠트리려고 했던 것 같습니다. 그 당시 이스라엘 백성들은 모세가 아니라 하나님의 말씀을 듣고 가나안으로 진격해야 하는데 모세의 시체가 있으면 말씀을 붙잡을 수가 없는 것입니다. 그때 미가엘은 말씀으로 사탄을 책망했습니다.

예수님께서도 마귀의 시험을 받으셨을 때 육체의 혈기로 이기려고 하지 아니하시고 오직 말씀으로 승리하셨습니다. 이것이 그 막강한 마귀를 이기는 비결을 보여주는 것입니다. 우리가 혈기로는 마귀를 이기지 못합니다. 오직 하나님의 말씀을 가지고 선포할 때 마귀는 물러가게 되어 있습니다.

유다는 하나님의 말씀이 이렇게 강력한 것인데 왜 말씀을 물리치고 자기 꿈이나 공상을 믿느냐고 책망하고 있습니다. 우리가 그런 것을 따라가면 이 엄청난 구원을 빼앗길 가능성이 있는 것입니다. 여러분은 모두 이 구원을 끝까지 지키는 성도들이 되시기를 바랍니다.

02
잘못된 신앙의 결과
유 1:11-25

　우리나라 양궁 선수는 세계에서 가장 우수한 양궁 선수입니다. 그래서 매번 올림픽 경기 때마다 남녀 양궁이 금메달을 휩쓸고 있습니다. 양궁에서 가장 중요한 것은 정확성입니다. 바람이 불어도 절대로 자세가 흔들려서는 안 되고 손이나 다리가 떨려서도 안 됩니다. 정확하게 목표를 겨냥을 해서 쏘아야 과녁 한 가운데를 맞출 수가 있는 것입니다. 지난번 올림픽 때에는 우리나라 여자 양궁 선수가 얼마나 정확하게 쏘았던지 과녁 한 가운데 있는 카메라를 쏘아서 깨트릴 정도였습니다.
　학문 중에서 가장 정확성을 요하는 학문이 수학일 것입니다. 옛날에 수학 시험 칠 때마다 고민이 있었는데 그것은 푸는 방식을 맞는데 계산이 틀렸을 경우입니다. 그때 억울한 것은 이루 말할 수 없었습니다. 그러나 수학은 푸는 방식만 맞아서 되는 것이 아니라 계산까지 정확하게 맞아야 하는 것입니다.

우리가 신앙 생활하는데 있어서도 정확성이라고 하는 것이 문제가 될 때가 많이 있습니다. 예를 들어 우리의 신앙이 하나님의 뜻에 얼마나 정확하게 맞아야 하느냐 하는 것입니다. 그것에 대해서 많은 경우에는 그저 우리의 신앙이 은혜스럽고 결과가 좋으면 되는 것이지 굳이 너무 따지고 골치 아프게 믿을 필요가 없다고 생각하는 분들도 많이 있습니다. 물론 우리의 신앙이라고 하는 것이 수학 문제를 푸는 것처럼 공식에 딱 맞아떨어지는 것은 아닙니다. 그럼에도 불구하고 우리가 하나님의 말씀대로 믿지 않고 자기 생각이나 자기 열정대로만 믿었을 때 심각한 잘못에 빠질 수 있다는 사실을 오늘 성경은 보여주고 있습니다.

우리는 대개 다음 몇 가지로 잘못된 신앙적인 요소를 생각해 볼 수 있습니다.

그 첫째는 아예 가르침 자체가 비성경적인 경우입니다. 예를 들어 예수님이 육신으로 온 것을 부정하거나 혹은 예수님이 하나님의 아들이신 것을 부정하는 것은 아예 틀린 이단입니다. 여기에는 아예 성령의 역사가 없고 믿음 자체가 완전히 죽은 믿음입니다. 대개 여호와의 증인이나 안식교 같은 경우가 여기에 해당이 될 것입니다. 초대 교회 당시에는 영지주의자들이 이런 사람들이었습니다. 그 사람들은 주로 그리스 철학이나 종교의 영향을 받아서 영적인 지식만 많이 추구했습니다. 그래서 육신을 인정하지 않았습니다. 예수님이 육신으로 오신 것과 육체로 부활한 것을 믿지 않았습니다. 이것은 완전히 이단입니다.

거기에 비해서 가르침은 성경적인데 자기 자신은 성경대로 살지 않는 것입니다. 그 대표적인 사람이 민수기에 나오는 발람이라는 사람이었습니다. 발람은 완전히 엉터리 선지자는 아니었습니다. 그런데 그의 삶은 결코 성경적이 아니었습니다. 그가 진정으로 하나님을 사랑하는 자였다면 모압왕이 뇌물을 주면서 이스라엘을 저주해 달라고 했을 때 아예 가지 않았을 것입니다. 그러나 그는 돈을 받고 이스라엘을 저주하기 위해서 가다가 나귀의 책망을 받은 사람이었습니다. 그리고 발람은 이스라엘을 저주하지는 못했지만 나중에 모압왕에게 미인계를 쓰게 해서 이스라엘을 크게 범죄하게 했던 사람입니다. 그러니까 발람 같은 사람은 말은 아주 그럴듯하게 하고 설교는 아주 은혜스럽게 하는데 그 사람 중심에는 돈에 대한 욕심이 가득 차 있고 실제로 사는 것은 욕심으로 사는 것입니다. 사도행전에 보면 시몬이라는 사람이 베드로에게 돈을 주고 성령을 사려고 했다가 책망을 받습니다. 이런 사람이 바로 그런 사람입니다. 겉으로는 성경적인데 실제로는 그렇지 않는 것입니다.

예수님은 당시 서기관들에 대하여 말씀하시면서 그들의 가르침은 본받되 그들의 행위를 본받지 말라고 말씀하셨습니다.

거기에 비해서 어떤 사람들은 성경 전체를 가르치지 않고 은혜스럽고 좋은 부분만 골라서 가르치는 것입니다. 다시 말해서 성경에 나오는 많은 죄에 대한 말씀은 가르치지 않고 오직 축복에 대한 말씀만 가르치는 것입니다. 사실 구약의 대부분의 거짓 선지자들이 나쁜 사람들은 아니었습니다. 오히려 그들은 너무 사람이 좋아서 사람들에게 나쁜 예언을 하지 못했습니다. 즉 죄를 책망하고 그들을 저주하는 설교를 하지 못했던 것입니다. 늘 하나님이 복을 주실 것이며 모든 것이 잘 될 것이라는 식으로만 가르쳤던 것입니다. 그래서 그들은 결국 거짓 선지자라는 오명을 뒤집어쓰게 된 것입니다.

그러니까 하나님께서 말씀을 가르치는 자들에게 요구하시는 것은 양궁 선수들같이 정확하게 가르치라는 것입니다. 즉 가르침 자체가 성경적이어야 할 뿐 아니라 성경이 말하는 것을 정확하게 전부 다 가르쳐야 하고 또 자기 자신도 그렇게 살아야 한다는 것입니다.

오늘 본문 말씀은 이렇게 정확하지 못한 가르침이 얼마나 허망한 결과를 만들어내는지 경고하고 있습니다. 만약 미국 나사 본부에서 우주선을 발사를 했는데 정확하지 못하게 엉뚱한 곳으로 발사를 하면 우주선이 폭발을 하든지 아니면 영원히 우주의 미아가 되고 말 것입니다.

마찬가지로 정확하게 성경에 뿌리내리지 못한 가르침이나 신앙은 일시적으로는 요란한데 결국 거기에는 아무런 열매가 없는 것입니다.

잘못된 신앙의 길

"화 있을진저 이 사람들이여, 가인의 길에 행하였으며 삯을 위하여 발람의 어그러진 길로 몰려 갔으며 고라의 패역을 좇아 멸망을 받았도다"(11절).

여기에 보면 성경에 나오는 세 사람의 경우를 예로 들고 있습니다.

첫 번째가 가인입니다. 가인은 하나님께 제사를 드렸습니다. 자기가 농사를 지어서 추수한 것으로 하나님께 제사를 드렸습니다. 그런데 가인의 제사에는 중요한 한 가지가 빠져 있었습니다. 그것은 바로 피가 없었다는 것입니다.

하나님께서는 가인의 제사가 믿음이 없는 제사라고 판단하셨습니다. 오히려 자기가 기른 양을 잡아서 드린 아벨의 제사를 받으셨습니다. 가인은 제사 형식은 있었는데 그 안에 가장 중요한 것이 없었습니다. 결국 가인은 분노가 치밀어서 동생 아벨을 죽이는 자리까지 가고 말았습니다.

거기에 비하여 발람은 말씀은 있었습니다. 발람은 하나님의 말씀으로 예언을 하고 이스라엘을 축복했습니다. 그러나 발람은 그 말씀대로 행하지 않았습니다. 발람의 말만 들어보면 틀린 것이 아무 것도 없습니다. 그러나 그가 실제로 하는 행동을 보면 말과는 전혀 달랐습니다.

거기에 비하여 고라는 모세를 대적했습니다. 왜 당신 말씀만 하나님의 말씀이냐 하는 것입니다. 다른 사람의 의견도 듣고 다른 나라에서 유행하는 것도 들어야지 어떻게 꼭 모세가 말하는 것만 하나님의 말씀이라고 단정할 수 있느냐 하는 것이었습니다. 그래서 결국 고라는 땅이 갈라지면서 거기에 떨어져 죽었습니다.

우리가 이런 것을 볼 때 반드시 사람이 좋다거나 혹은 열정만 있다고 해서 이것이 반드시 하나님의 뜻에 맞는 신앙은 아니라는 것을 알아야 합니다.

우리가 일단 하나님의 뜻에 맞는 신앙을 가지려면 먼저 하나님의 말씀 앞에 한번 거꾸러지는 체험이 있어야 합니다. 왜 사도 바울이 철저하게 하나님의 뜻에 맞는 사람이 되었습니까? 그것은 다메섹으로 가다가 철저하게 거꾸러진 체험이 있었기 때문입니다. 나는 하나님 앞에 완전히 죄인이고 나에게는 전혀 소망이 없다는 것을 철저하게 인정해야 하는 것입니다. 이런 것을 가리켜 우리는 하나님의 말씀에 사로잡힌다라고 합니다. 내가 하나님의 말씀을 잡고 요리를 하는 것이 아니라 하나님의 말씀이 나를 잡고 끌고 가시는 것입니다.

가인이나 발람이나 고라는 모두 다같이 아직 하나님 앞에서 거꾸러진 체험이 없는 사람들이었습니다. 그러니까 자기 생각이나 자기 열정이나 자기 욕심을 부인할 수가 없었던 것입니다. 결국 이들은 자기도 망하고 남들도 망하게 하는 앞잡이가 될 수밖에 없었습니다.

그래서 바른 지도자가 되려고 하면 너무 사람이 좋아도 안 됩니다. 오히려 얄미울 정도로 성경적이어야 하며 그러면서도 자기 자신을 하나님의 말씀에 쳐 복종시키는 사람이어야 합니다.

유다는 정확하게 하나님의 뜻에 맞지 않는 신앙이 어떤 결과를 가져오게 되는지 열거를 하고 있습니다.

"저희는 기탄 없이 너희와 함께 먹으니 너의 애찬의 암초요 자기 몸만 기르는 목자요 바람에 불려가는 물 없는 구름이요 죽고 또 죽어 뿌리까지 뽑힌 열매 없는 가을 나무요 자기의 수치의 거품을 뿜는 바다의 거친 물결이요 영원히 예비된 캄캄한 흑암에 돌아갈 유리하는 별들이라"(12-13절).

일단 '기탄없이 함께 먹는다' 는 것을 보니 아직 함께 한 교회에서 신앙생활은 하고 있습니다. 아주 '기탄없이 먹는다' 라고 했습니다. 그러니까 씩씩하게 와서 조금도 주저하거나 사양하지 않고 같이 음식을 먹는 것입니다. 그런데 '애찬의 암초' 라고 했습니다. 암초라고 하는 것은 결국 배를 파선시키는 무서운 장애입니다. 같이 신앙생활을 잘 하다가 결국 끝에 가서 파선을 시켜버리는 것입니다. 이것은 보통 무서운 것이 아닙니다. 그래서 히브리서 13:7에서는 말씀을 가르치는 자의 끝을 잘 지켜보라고 했습니다.

예를 들어 어떤 버스를 탔는데 처음에는 버스가 잘 나가다가 끝에 가서 대형 사고를 내는 케이스인 것입니다. 신앙은 끝까지 바른 길을 가야지 나중에 가서 대형 사고를 치면 많은 사람들의 신앙이 파선을 당하게 되는 것입니다. 이것은 우리 사람의 힘으로는 불가능합니다. 우리가 철저하게 예수를 믿는 이유는 우리 자신의 힘으로는 대형 사고를 낼 수밖에 없기 때문입니다. 우리는 우리 자신을 믿을 수가 없습니다. 그렇기 때문에 철저하게 성경적으로 믿어야 합니다. 그러면 결국 말씀이 우리의 속도를 조절하고 우리의 잘못된 부분을 바로 잡아주는 것입니다.

그런데 본문을 보면 이 사람은 자기만 살찌우는 목자입니다. 목자는 양을 살찌워야 하는데 이 목자들은 어떻게 된 판인지 양은 빼빼 마르고 자기들만 뒤룩뒤룩 살이 쪄있는 것입니다. 이런 목자를 만난 양들은 참으로 불쌍합니다. 목자가 해야 할 일은 양들을 푸른 풀밭으로 맑은 시냇물가로 인도하는 것입니다. 그렇게 하기만 하면 양들이 스스로 풀을 뜯어 먹고 살이 찌게 되어 있습니다.

전에 어떤 교회에서 목사님이 설교는 신통찮게 하면서 자꾸 헌금을 내라고 하니까 어느 교인이 '먹을 것은 안 주면서 젖만 짜내려고 한다.'고 불평을 했습니다. 교인들이 아무 것도 모르는 줄 알았더니 나름대로는 다 알고 있었던 것입니다. 이 사람들은 물이 없는 구름입니다. 날이 가문데 구름이 왔습니다. 사람들은 비가 올 것을 잔뜩 기대하고 있는데 그 구름은 비가 없는 구름이었습니다. 사람들에게 기대만 잔뜩 하게 하고 실제로 능력은 전혀 없었습니다. 그리고 아예 죽고 또 죽어서 뿌리까지 뽑힌 열매가 없는 나무였습니다.

무엇보다 뿌리가 뽑혔으니까 열매가 맺힐 리가 없는 것입니다.

그리고 바다의 거품같이 자기 수치를 뿜어냅니다. 입에서 쉴 새 없이 말을 쏟아내는데 사실 다 엉터리 말들이고 자기 수치밖에 되지 않습니다. 그리고 결국은 캄캄한데 들어갈 멸망의 별인 것입니다.

심판의 예고

결국 우리는 이 세상에 아무렇게나 태어나서 아무렇게나 살아도 되는 것이 아닙니다. 만약 축구장에 선수들이 아무 규칙도 없이 자기 멋대로 운동을 하면 당장 심판으로부터 쫓겨나고 말 것입니다.

우리가 이 세상에 보면 너무나도 하고 싶은 것도 많고 너무나도 가지고 싶은 것도 많습니다. 그러나 우리 인간들이 빨리 깨달아야 하는 것은 이 세상을 사는 하나님의 법칙을 발견하는 것입니다. 그리고 그 하나님의 법칙대로 한 평생을 살아야 실패하지 않습니다.

아마 사람들이 가장 문란하게 살았을 때가 노아 홍수 전이었던 것 같습니다. 그때 이미 에녹은 사람들에게 경고를 했습니다.

"아담의 칠세 손 에녹이 사람들에게 대하여도 예언하여 이르되 보라 주께서 그 수만의 거룩한 자와 함께 임하셨나니 이는 뭇사람을 심판하사 모든 경건치 않은 자의 경건치 않게 행한 모든 경건치 않은 일과 또 경건치 않은 죄인의 주께 거스려 한 모든 강퍅한 말을 인하여 저희를 정죄하려 하심이라 하였느니라" (14-15절).

이 내용은 정식 성경에는 나오지 않는 내용입니다. 아마도 '에녹서'라는 외경에 나오는 내용인 것 같습니다. 에녹 때 사람들은 굉장히 문란한 생활을 했던 것 같습니다. 그때 에녹은 사람들에게 장차 주께서 오셔서 경건치 않은 모든 것을 다 심판하신다고 했습니다. 즉 경건치 않은 자들이 경건치 않게 행한 모든 경건치 않은 일과 경건치 않은 말까지 다 심판하신다고 증거한 것입니다. 그 결과 에녹은 죽음을 맛보지 않고 하늘로 올라갔습니다. 그리고 얼마 있지 않아서 이 세상은 노아의 심판으로 모두 멸망하게 되었습니다. 그러니까 에녹 때에도 가르침이 없었던 것은 아니었습니다. 있었지만 사람들이 듣지 아니하여 결국 철저히 망한 것입니다.

지금도 우리 인간들에게는 무제한의 자유와 무제한의 쾌락이 주어지고 있습니다. 오늘 우리 시대에는 일단 돈만 많이 있으면 못하는 것이 없는 시대입니다. 그러나 이것이 무서운 것입니다. 지혜 있는 자는 모든 자유를 자기 마음대로 다 쓰지 않습니다. 우리는 이 세상에서 누릴 수 있는 많은 행복이나 자유를 포기하고 자신을 진리에 잡아매어야 할 것입니다. 결국 이것이 심판의 태풍이 밀어 닥칠 때 살 수 있는 유일한 길인 것입니다.

그래서 우리는 같이 신앙 생활하면서 조심을 해야 할 대상들이 있습니다. 그 중에 하나가 시도 때도 없이 원망하고 불평하는 사람들입니다.

"이 사람들은 원망하는 자며 불만을 토하는 자며 그 정욕대로 행하는 자라. 그 입으로 자랑하는 말을 내며 이를 위하여 아첨하느니라"(16절).

무엇인가 원망 불평을 많이 하는 자들은 멀리 해야 합니다. 왜냐하면 정상적인 하나님의 백성들은 감사하게 되어 있기 때문입니다. 늘 감사하는 사람은 아름답습니다. 그리고 믿음이 갑니다. 그러나 늘 불평하고 늘 비판하는 사람은 아직 양으로 변하지 못한 늑대입니다.

"그들이 너희에게 말하기를 마지막 때에 자기의 경건치 않은 정욕대로 행하며 기롱하는 자들이 있으리라 하였나니 이 사람들은 당을 짓는 자며 육에 속한 자며 성령은 없는 자니라"(18-19절).

무엇인가 생활이 경건치 않은 자들이 있습니다. 말을 하는데도 너무 농담이 지나치고 자기가 하고 싶은 대로 다 하면서 경건치 않은 자들은 성령이 없는 자들이라고 했습니다. 하나님의 백성들이 타락하지 않는 방법은 늘 긴장하는 수밖에 없습니다. 말이나 행동이나 늘 긴장해야 합니다. 이미 긴장이 풀어진 자는 아무 가치가 없는 자들입니다.

바른 성경적 기초위에 신앙을 건축하라

결국 우리의 신앙은 무조건 사람이 좋다고 해서 따라가거나 혹은 열정이 있다고 해서 따라가서는 안 되고 정확한 성경적인 기초 위에 세워야 하는 것입니다. 결국 지나치게 어느 한쪽으로 치우치는 것은 좋지 않습니다.

> "사랑하는 자들아 너희는 너희의 지극히 거룩한 믿음 위에 자기를 건축하며 성령으로 기도하며 하나님의 사랑 안에서 자기를 지키며 영생에 이르도록 우리 주 예수 그리스도의 긍휼을 기다리라"(20-21절).

우리는 우리 자신을 지극히 거룩한 신앙 위에 세워야 합니다. 여기서 지극히 거룩한 신앙이라고 하는 것은 다른 불순물이라고는 전혀 섞이지 않는 신앙을 말합니다. 결국 기초가 불순하면 언젠가는 그 위에 세워진 집이 무너지게 되어 있습니다. 사실 신앙은 처음 시작이 중요합니다. 그래서 사도 바울은 디모데에서 말하기를

'네가 뉘게서 배웠으며' 라고 말씀하고 있습니다. 결국은 처음 배운 신앙대로 끝까지 가게 되어 있는 것입니다. 처음에 잘못된 데서 배웠으면 나중까지도 그 잘못된 부분을 바로 잡는 것이 아주 어렵습니다.

어거스틴은 처음에 그리스 철학에 빠졌다가 나중에는 마니교에 빠지게 되었습니다. 어거스틴의 어머니 모니카는 당시 암브로스 주교를 찾아가서 제발 자기 아들을 좀 권해서 바른 신앙으로 돌아오게 해 달라고 부탁을 합니다. 그때 암브로스 주교는 어거스틴의 어머니에게 '지금은 어거스틴이 너무 마니교에 빠져 있어서 어느 누구의 말을 듣지도 않을 것이다' 고 충고를 했습니다. 그러면서 유명한 말을 합니다. '눈물의 아들은 결코 망하는 법이 없습니다.' 결국 어거스틴은 바른 신앙으로 돌아오기는 하는데 너무 멀리 돌아서 오게 되었습니다. 그러나 어거스틴이 방황했다가 돌아왔기 때문에 나도 방황했다가 돌아오면 어거스틴이 되리라고 생각해서는 안 됩니다. 어거스틴은 어렸을 때 어머니로부터 순수한 신앙을 배웠었는데 자기 발로 그 신앙을 차버리고 정욕으로 달려 나갔던 것입니다.

그런 까닭에 처음 신앙생활을 시작할 때 바른 목자를 만나는 것이 아주 중요합니다. 바른 목자 밑에서 진정한 부흥을 체험하면 그 신앙의 불은 죽을 때까지 꺼지지 않고 마음속에 남아 있게 됩니다. 그리고 이 사람은 어디에 가든지 마음속에 불이 있습니다. 그리고 언제든지 바른 말씀을 듣기만 하면 불이 또 일어나게 됩니다.

특히 본문을 보면 가만히 있지 말고 성령으로 기도하라고 합니다. 이것은 계속 바른 신앙을 사모하라는 뜻입니다. 우리는 가장 자기가 중요하게 생각하는 것이 있으면 언제나 사모할 것입니다. 우리가 이 세상에서 가장 사모해야 할 것이 있다면 그것은 성경적인 순수한 신앙입니다. 왜냐하면 이것이야말로 진정한 우리의 영적인 양식이기 때문입니다.

그리고 지키라고 말을 했습니다. '하나님의 사랑 안에서 자기를 지키며'

우리 속담에도 '부자 몸조심 하듯 한다'는 말이 있습니다. 가난한 사람은 무엇인가 큰 것을 한 건 터트리기 위해서 무리를 하지만 이미 부자가 된 사람은 굳이 무리를 해 가면서 더 부자가 되려고 할 필요가 없습니다. 이미 자기에게 주어진 것만 잘 지켜도 얼마든지 행복하게 잘 살 수 있기 때문입니다.

이미 성경적인 신앙을 가진 자는 하나님의 축복의 길 안에 들어와 있습니다. 이제는 이것을 잘 지키기만 하면 되는 것입니다. 너무 모든 것을 잘 하려고 하다가 오히려 이 신앙을 버리게 되면 크게 손해를 보는 것입니다.

이 성경적인 신앙 하나만 붙잡고 있어도 대단한 일을 하는 것입니다. 사람들은 그것도 모르고 여러 가지 것을 하지 않는다고 욕을 하지만 그 사람들이야말로 아직 정확하게 길을 못 찾고 있는 사람들인 것입니다.

결국 우리가 바른 신앙을 붙들 때 하나님의 특별하신 보호하심을 경험하게 되는 것입니다.

24절은 "능히 너희를 보호하사 거침이 없게 하시고 너희로 그 영광 앞에 흠이 없이 즐거움으로 서게 하실 자"라고 했습니다. 하나님은 우리가 걸려서 넘어지지 않게 하시고 하나님 앞에서 흠 없는 즐거움으로 서게 한다고 했습니다. 여러분 모두 이러한 축복을 누리는 삶을 사시길 바랍니다.